Das große Experimente-Buch

INHALT

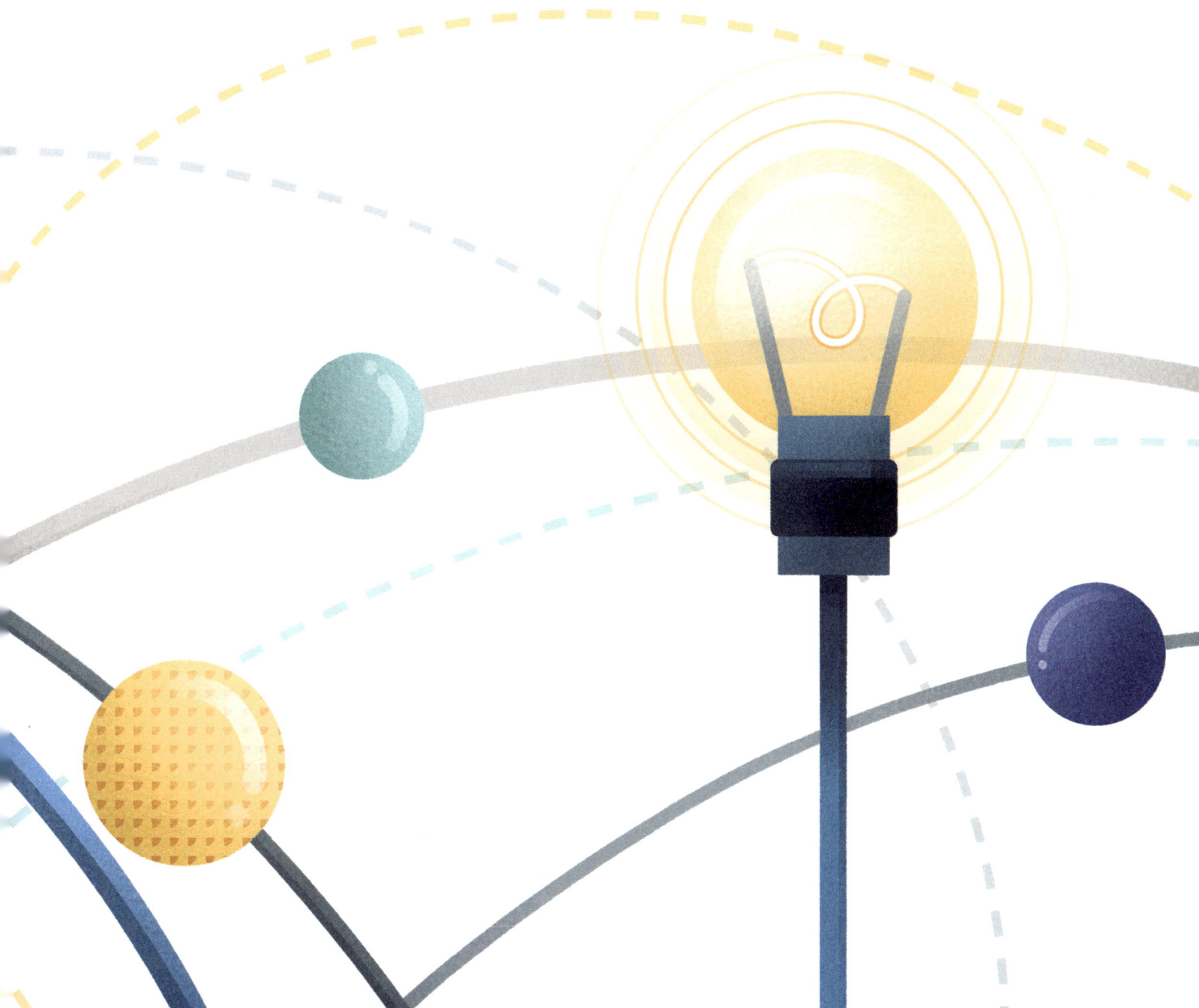

MITREISENDE GESUCHT!

Nenn mich einfach **PROFESSOR ALBERT.** Ich bin ein berühmter Gelehrter und mag die Natur und fahre gern Rad. Ich liebe das Leben, das Universum ... und den ganzen Rest.

Ich bin **GREG, DER ROBOTER.** Ich bin eine fortgeschrittene künstliche Intelligenz. Mein positronisches Gehirn macht viele Fehler.

Ich bin **EMMA**. Meine Hobbys: mit Professor Albert verreisen, Bonbons und Star Wars.

Ich bin **MONICA**. Ich mag Reisen und Bücher. Kochen ist meine Leidenschaft.

Ich bin **BOB**. Ich mag Pizza und Filme. Ich bin ein lebhafter und neugieriger Typ.

Ich bin **LEO DER SKATER**. Ich bin sportlich, liebe Comics, mag Kartentricks und spiele Gitarre. Ich helfe Prof. Albert oft bei seinen Experimenten.

DIE WISSENSCHAFTLICHE METHODE

Mit der **WISSENSCHAFTLICHEN METHODE** untersuchen Forscher die Wirklichkeit. Sie ist die zuverlässigste Methode, wenn wir etwas über die Welt wissen wollen. Der Forscher **GALILEO GALILEI** hat die Bedeutung dieser Methode erkannt und sich daran gehalten.

Wissenschaftlich heißt nicht „genau", sondern nachvollziehbar – jeder kann es nachmachen. Bei gleichen Ausgangsbedingungen kommen wir immer zum selben Ergebnis. Die wissenschaftliche Methode ist **EXPERIMENTELL**, sie arbeitet mit Experimenten, Überprüfungen und Beobachtungen. Das macht Spaß, hier werden Forscher kreativ!

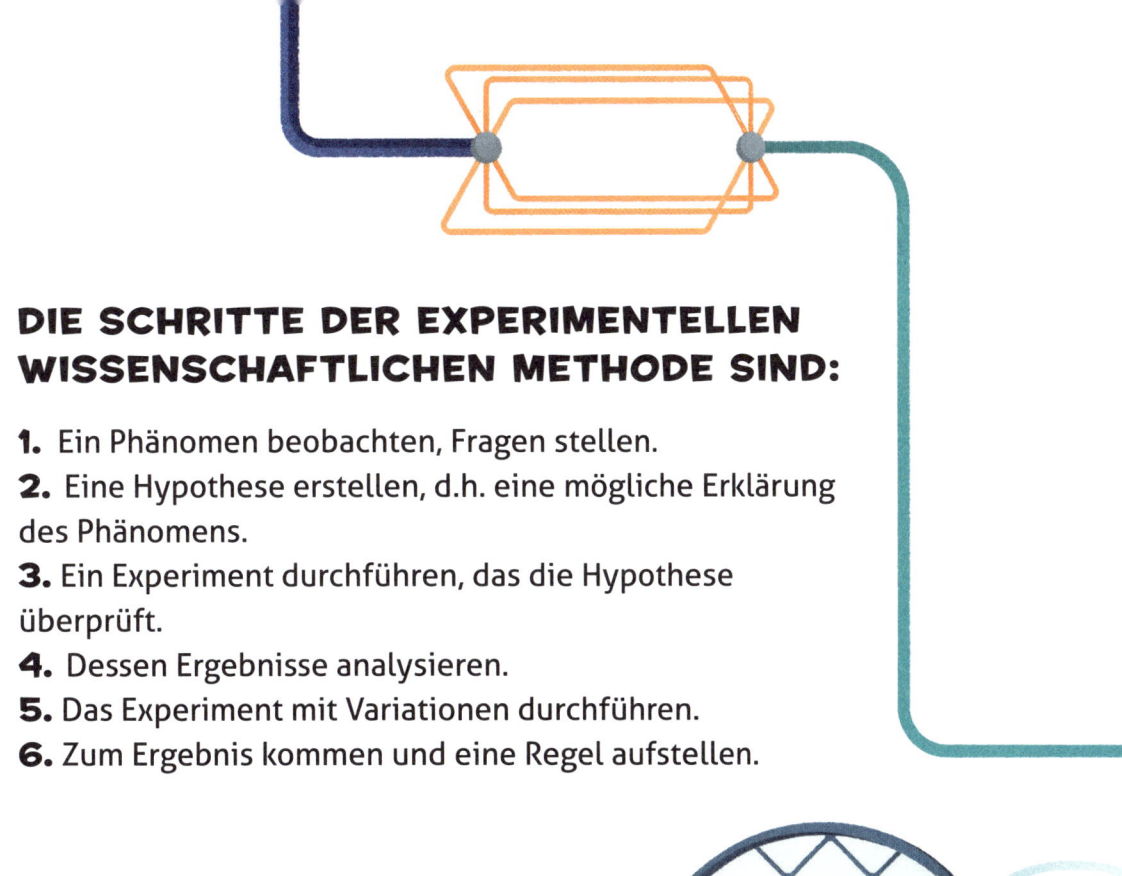

DIE SCHRITTE DER EXPERIMENTELLEN WISSENSCHAFTLICHEN METHODE SIND:

1. Ein Phänomen beobachten, Fragen stellen.

2. Eine Hypothese erstellen, d.h. eine mögliche Erklärung des Phänomens.

3. Ein Experiment durchführen, das die Hypothese überprüft.

4. Dessen Ergebnisse analysieren.

5. Das Experiment mit Variationen durchführen.

6. Zum Ergebnis kommen und eine Regel aufstellen.

GANZ KURZ: SAFETY FIRST!

1. Vor jedem Experiment liest du die Anleitung sehr sorgfältig.

2. Während des Experiments darfst du weder essen noch trinken. Insbesondere darfst du das Experiment weder essen noch trinken. Das ist nicht gut! Tu's nicht!

3. Zieh alte Sachen an, die Experimente machen Dreck. Lebensmittelfarbe versaut Klamotten und Haut.

4. Nach jedem Experiment die Hände waschen! Manche Stoffe könnten dir sonst schaden.

5. Slime und Schmierzeugs kommt nicht in den Abfluss, sondern in den Mülleimer.

Bei einigen der Experimente muss ein Erwachsener dabei sein.

Die Chemie der ekligen Dinge

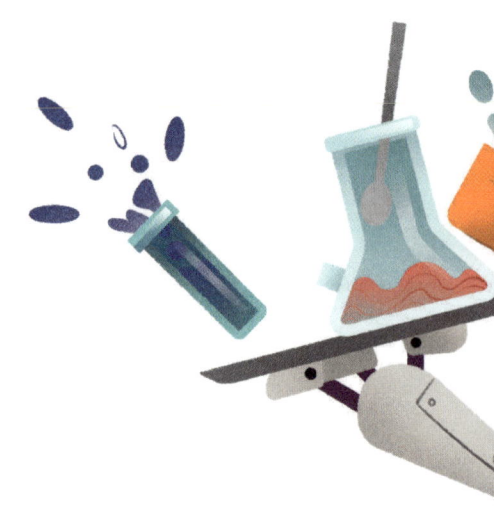

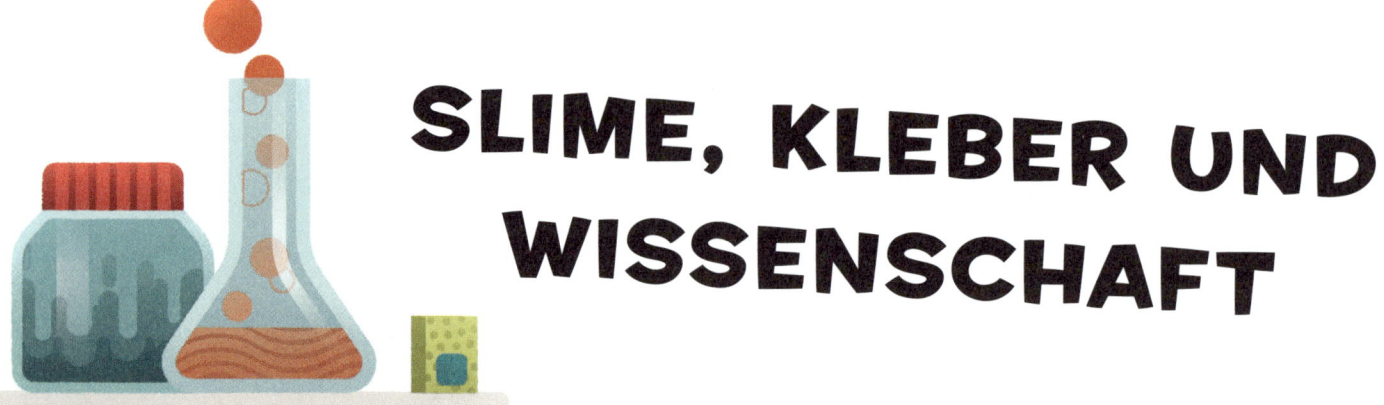

SLIME, KLEBER UND WISSENSCHAFT

SEIT WANN GIBT ES SLIME?

Slime ist schon 40 Jahre alt! Zuerst kam er Mitte der 1970er-Jahre auf. Er war grün und wurde in kleinen Plastik-Mülleimern verkauft. Er war sofort ein Erfolg und ist mittlerweile in unterschiedlichen Farben, Aromen und Konsistenzen erhältlich.

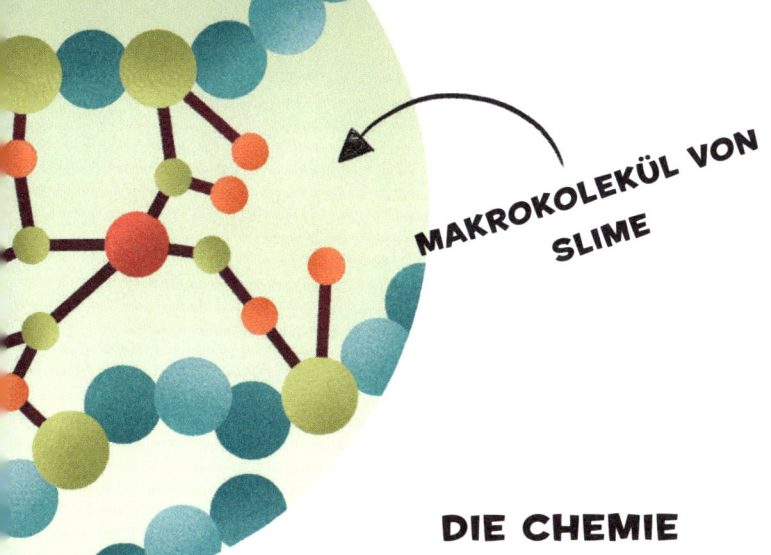

MAKROKOLEKÜL VON SLIME

FLÜSSIG ODER FEST?

Slime ist keine gewöhnliche **FLÜSSIGKEIT**. Tatsächlich ist er so besonders, dass es sich um eine **NICHT-NEWTONSCHE FLÜSSIGKEIT** handelt. Er ändert seinen Zustand je nach Handhabung.

DIE CHEMIE VON SLIME

Klebrig, feucht, weich und wie Gummi. Slime ist das Ergebnis einer chemischen Reaktion, die ihn glitschig macht.

Flüssigleim, der Hauptbestandteil von Slime, besteht aus POLYMEREN. Diese MOLEKÜLE gleichen langen chemischen Ketten, die sich frei aufeinander bewegen können.

Dem Leim wird eine AKTIVIERUNGSLÖSUNG zugesetzt, dann wird heftig gerührt. Das führt zu einer CHEMISCHEN REAKTION. Die Ketten verbinden sich und bilden ein Netz.

FREI

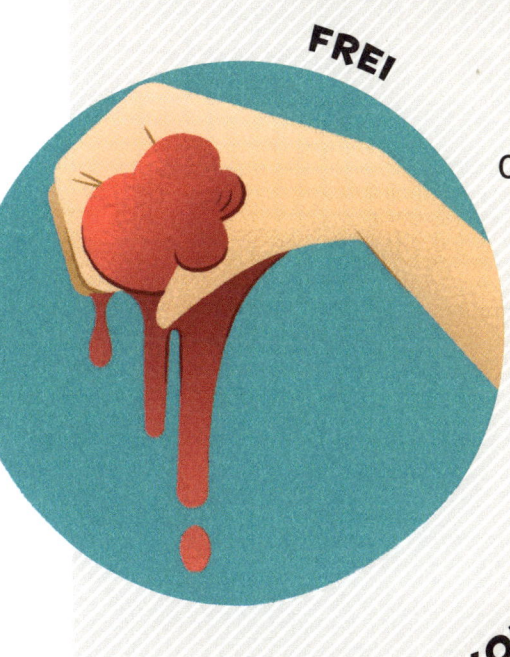

Ohne eine Kraft, die ihn zusammen-drückt, wenn wir ihn durch unsere Finger rinnen lassen, ist er eine Flüssigkeit.

KOMPRIMIERT

Wenn wir ihn quetschen oder ziehen, wird er zum festen Stoff!

IM FILM

Seinen ersten Filmauftritt hatte Slime 1984 in *Ghostbusters*. Dort ist er ein gieriges Gespenst, das überall seine Schleimspur hinterlässt.

JETZT WIRD GESLEIMT!

DU BRAUCHST

- *Klarleim und Vinylleim*
- *Rasierschaum*
- *Backpulver*
- *Lebensmittelfarbe*
- *Flüssigwaschmittel*
- *Schüssel*
- *Esslöffel*

UND SO GEHT ES

1

Gib 3 Esslöffel Klarleim und 3 Esslöffel Vinylleim in die Schüssel. Dazu eine Handvoll Rasierschaum und Lebensmittelfarbe. Mit dem Löffel umrühren.

2 1 Löffel Backpulver und 1 Löffel Waschmittel dazu und weiter kräftig rühren.

JETZT MIXEN WIR!

TATSACHE!

Füge Glitter hinzu und der Slime wird noch heller.

EXPERIMENT ERFOLGREICH!

③

Lass die Mischung 15 Minuten ruhen, dann rühre erneut um. Füge einen weiteren Löffel Waschmittel hinzu, falls sie nicht schnell dick wird.

④

Zum Schluss knetest du den Slime wie Teig mit den Händen.

WAS IST PASSIERT?

Durch die Zugabe von Backpulver und Waschmittel wird eine Reaktion ausgelöst, die den Klarleim in eine gallertartige Paste verwandelt. Denke daran: Die Ruhezeit ist wichtig. Versuche es erneut, wenn es beim ersten Mal nicht klappt.

13

FLÜSSIGKEITEN UNTERSUCHEN

WAS IST VISKOSITÄT?

Honig und Wasser verhalten sich unterschiedlich, wenn sie verschüttet werden. Wasser fällt schnell, es ist nicht dickflüssig. Honig fällt langsam, erst in der Mitte, dann am Rand, er ist sehr viskös. Von VISKOSITÄT spricht man, wenn eine Flüssigkeit das Rutschen vermeiden kann, also den Drang, alle Partikel mitzuschleifen, wenn sie über eine Fläche rutscht.

TEMPERATUR UND VISKOSITÄT

Wärme verändert die VISKOSITÄT eines Stoffs. Je wärmer, desto wenig viskos ist er. Erhitzt du z.B. Honig in der Pfanne oder der Mikrowelle, verändert er die Konsistenz. **Nimmt die Viskosität zu oder ab?**

FESTER HONIG

FLÜSSIGHONIG

KALT   HEISS

WAS IST DICHTE?

Die DICHTE eines Stoffes beschriebt das Verhältnis von MASSE zu VOLUMEN. Masse bezeichnet die Menge an Materie in einem Stoff, Volumen den Raum, den er einnimmt.

VISKOSITÄT VS. DICHTE

Flüssigkeiten sind entweder newtonsch oder nicht-newtonsch. Den Namen verdanken sie **ISAAC NEWTON**, der die Formel fand, die dies beschreibt.

Isaac Newton

WASSER ALS AUSNAHME

Sinkt die Temperatur, wird Wasser zu Eis und seine DICHTE nimmt ab und sein VOLUMEN wächst. Deshalb ist Eis weniger dicht als Wasser und schwimmt auf ihm.

GLEICHES VOLUMEN / ANDERE MASSE

DICHTE hängt von der Temperatur ab. Dagegen verändert sich MASSE mit der Temperatur nicht. Erhöht sich die Temperatur, dehnen sich die Dinge aus (erhöhen das Volumen) und werden weniger dicht. Wenn sie sich zusammenziehen (das Volumen vermindern) werden sie dichter.

GLEICHE MASSE / ANDERES VOLUMEN

DICHTER IST NICHT VISKÖSER

DICHTE und VISKOSITÄT hängen nicht immer zusammen: Öl beispielsweise kann weniger dicht sein als Wasser, es ist aber VISKOSER.

VISKOSITÄT FÜR ALLE

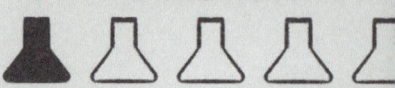

DU BRAUCHST

- 1 Glas Wasser
- 1 Glas flüssiger Honig
- 2 Teelöffel
- Stoppuhr

UND SO GEHT ES

1 Stelle den Löffel ins Wasserglas.

2 Füll den Löffel mit ganz viel Wasser, halte ihn über das Glas.

3 Neige den Löffel, das Wasser fließt zurück ins Glas.

4 Mit der Stoppuhr misst du, wie viele Sekunden es dauert.

5 Nun machst du dasselbe Experiment mit Honig.

NUN VERSUCHST DU

Untersuche andere Flüssigkeiten – verhalte sie sich wie Wasser oder wie Honig?

WAS IST PASSIERT?

Du hast dir VISKOSITÄT betrachtet. Weil Honig VISKOSER ist, fällt er langsamer vom Löffel.

DICHTESCHICHTEN

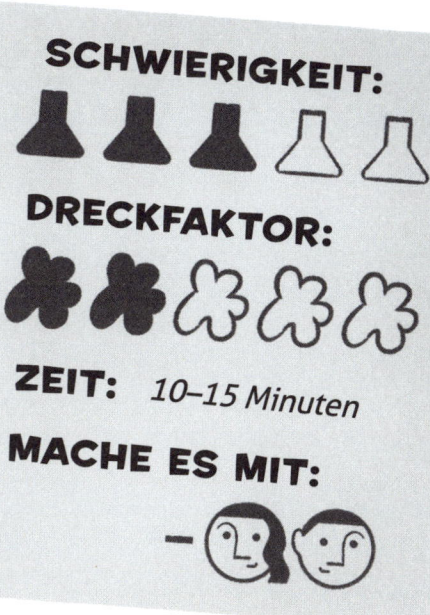

DU BRAUCHST

- 1 Glas
  (z.B. von Tomatensauce)
- Honig
- Wasser
- Lebensmittelfarbe (blau)
- Spülmittel
- Öl (Sonnenblumen-,
  Erdnuss- oder Olivenöl –
  geht alles)
- Reinigungsalkohol
- 1 Deckel, um das Glas zu
  verschließen

UND SO GEHT ES

1 Löse einen Tropfen
Farbe im Wasser auf.

2 Gieße dann
langsam ein, bis
eine 2,5 cm dicke
Schicht entsteht,
und zwar: Honig,
Spülmittel,
Farbwasser, Öl,
Alkohol.

3 Schließe das Glas, um es
aufzubewahren.

ACHTUNG!

*Gieße die ersten beiden
Flüssigkeiten (Honig und
Spülmittel) in die Glasmitte.
Sie sollen die Wände nicht
berühren. Die restlichen
Flüssigkeiten (Farbwasser,
Öl und Alkohol) gießt du bei
geneigtem Glas gegen die
Wände. Achte darauf, das
Glas nicht zu schütteln oder
umzustülpen, damit sich nichts
vermischt.*

WAS IST PASSIERT?

*Wir haben die Flüssigkeiten je nach DICHTE übereinander gegossen. Flüssigkeiten mit höherer Dichte
sinken in Flüssigkeiten mit geringerer Dichte – und umgekehrt.*

NICHT-NEWTONSCHE FLÜSSIGKEITEN

SCHWIERIGKEIT:

DRECKFAKTOR:

ZEIT: 5–10 Minuten

MACHE ES MIT:

Neben Slime findest du leicht weitere nicht-newtonsche Flüssigkeiten im Haus. Dazu gehören Ketchup, Blut, Farbe und Zahnpasta. Andere sind schwer zu finden und mordsgefährlich – wie Treibsand.

DU BRAUCHST

- Kartoffelstärke
- Wasser
- Schüssel
- Glas
- Lebensmittelfarbe (wenn du willst)

WAS IST PASSIERT?

Tippe mit dem Finger oder dem Löffel auf deine Substanz. Was passiert? Und wenn du ganz sachte antippst?

Tippst du die Substanz schnell an, fühlt sie sich härter an, tippst du sie sanft an, verhält sie sich wie eine Flüssigkeit.

UND SO GEHT ES

1 Gieße 2 Gläser Stärke in die Schüssel.

2 Gieße langsam 2 Gläser Wasser hinzu und mische, bis beide gut gemischt sind.

3 Gib Wasser oder Stärke hinzu, je nach gewünschter Konsistenz.

FLUFFY SLIME

SCHWIERIGKEIT:

DRECKFAKTOR:

ZEIT: *10–15 Minuten*

MACHE ES MIT:

DU BRAUCHST

- *Küchenwaage*
- *3 g Borax*
- *Wasser*
- *20 g Klarleim*
- *20 g Rasierschaum*
- *10 g Spülmittel*
- *Lebensmittelfarbe*

UND SO GEHT ES

1

Erhitze 80 g Wasser in einem Topf und füge 3 g Borax dazu. Gut verrühren: Dein Aktivator steht bereit.

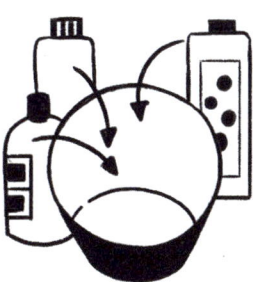

2

Gieße den Klarleim, Rasierschaum und das Spülmittel in eine Schüssel. Gut mischen und wie gewünscht färben.

3

Wird die Mischung glatt, fügst du 3 Teelöffel Aktivator hinzu und rührst ein paar Minuten um.

4

Kurz danach wird die Mischung immer zäher. Wenn sie nicht mehr klebrig ist, nimmst du sie in die Hand und knetest sie zu einer Kugel. Das machst du ein paar Minuten, bis der Slime die gewünschte Konsistenz hat.

WAS IST PASSIERT?

Das Borax als Aktivator geht zwischen die Stränge des Leims und bildet ein Gelatinenetz, das typisch ist für Slime.

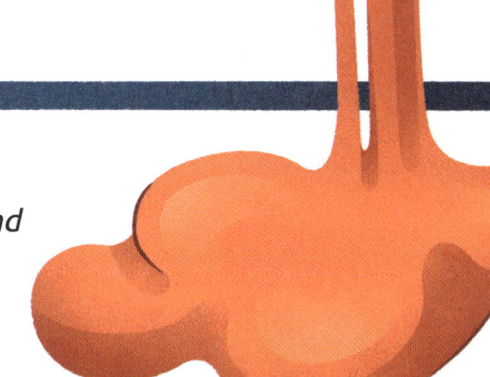

ROST AUSGESETZT

WIE BILDET SICH ROST?

Rot und bröckelig, so formt und zerstört Rost Gegenstände aus Eisen, die man der Luft und der Feuchtigkeit aussetzt. Aber wir bildet er sich?

Rost ist das Ergebnis einer **CHEMISCHEN REAKTION**, der **OXIDATION**.

Eisen reagiert auf Sauerstoff in Luft und Wasser in Form von Feuchtigkeit oder Regen. Durch das Kohlendioxid in der Atmosphäre wird Eisen flockig, bis sich der Rost löst. Das setzt das darunterliegende, unkorrodierte Eisen frei. So geht das weiter, bis nichts mehr da ist.
DAS IST ROST!

> EISEN

OXIDATIONSSKALA

Nicht alle Stoffe oxidieren gleich. Hier siehst du, wie schnell etwas rostet.

> ALUMINIUM

> ZINK

> CHROM

WIE SCHÜTZT MAN SICH VOR ROST?

Am häufigsten schützt man Eisen gegen Rost durch Galvanisieren oder Verchromung. So erhält Eisen eine Schicht aus Zink oder Chrom, dadurch bleibt das Eisen darunter intakt. So schützen wir Autos, Motorräder und Fahrräder.

Dieser Herr heißt **SIR HUMPHRY DAVY**. Er fand heraus, wie man Eisen schützt.

ROSTFREI WIE STAHL!

Unter den vielen Metallen, die uns umgeben, sind manche ganz wehrhaft gegen Rost.

Rostfreier Stahl enthält kleine Mengen Chrom, die ihn rostfrei machen, also widerstandsfähiger gegen OXIDATION und Korrosion, die beide Rost erzeugen. Chrom kann sich, wenn es mit Sauerstoff reagiert, selbst in eine weiße Schicht hüllen, der das darunter liegende Metall vor Rost und äußeren Einflüssen bewahrt.

Stahl ist eine LEGIERUNG und besteht vor allem aus Eisen und kleinen Mengen (2 %) Kohle.

LEGIERUNGEN

Eine Legierung ist eine Mischung aus zwei oder mehr Elementen. Eine davon ist ein Metall.

EISEN + KOHLE = STAHL
EISEN + KOHLE + CHROM = ROSTFREIER STAHL
KUPFER + ZINK = MESSING
KUPFER + ZINN = BRONZE

Das neue Material hat Eigenschaften, die sich von denen seiner Bestandteile unterscheiden.
Stahl ist z.B. fester als Eisen, Messing ist härter als Kupfer und glänzender als Zinn.

ALLES ROSTET!

DU BRAUCHST

- 4 Gläser
- Wasser
- 1 Teelöffel Salz
- Öl
- Essig
- 4 Nägel oder 4 Stück Eisen (Achtung – kein galvanisiertes Material benutzen)

UND SO GEHT ES

1 Fülle die 4 Gläser. Das erste mit Wasser, das zweite mit Salz und Wasser, das dritte mit Essig, das vierte mit Öl.

SCHWIERIGKEIT:

DRECKFAKTOR:

ZEIT: 10–15 Minuten + 3–4 Tage

MACHE ES MIT:

2 Lege in jedes Glas einen Nagel.

3 Schau jeden Tag nach, was passiert ist.

 Was war nach 2 Tagen? Und was nach 4?

WAS IST PASSIERT?

Rost bildet sich, wenn Eisen Luft und Wasser ausgesetzt ist – ohne Wasser kein Rost. Salz beschleunigt das Rosten, weil es die Reaktion des Wassers antreibt.

SCHMIERIG WIE ÖL, FETTIG WIE BUTTER

GESÄTTIGTE FETTSÄURE

WAS SIND SCHMIERE UND FETT?

Igitt! Selbst in der Küche gibt es ekelhafte Sachen, nicht nur Leckereien!

Das Schmierfett in der Küche besteht größtenteils aus Ölen und Fetten, die FETTSÄUREN genannte MOLEKÜLE enthalten. Diese Säuren werden von langen Ketten Kohlestoffatomen gebildet, die durch zwei Arten von Bindung zusammengehalten werden.

Einfache Bindungen erzeugen gerade Ketten, die typisch sind für GESÄTTIGTE FETTSÄUREN. Doppelbindungen erzeugen gebogene Ketten, die typisch sind für UNGESÄTTIGTE FETTSÄUREN.

Diese Bindungen bestimmen die unterschiedlichen Eigenschaften der Fette.
Je höher beispielsweise die Zahl der Doppelbindungen ist, desto niedriger die Temperatur, bei der Fett schmilzt.

ALLES FETT!

UNGESÄTTIGTE FETTSÄURE

WARUM IST BUTTER FEST UND ÖL FLÜSSIG?

Bei Tieren herrschen GESÄTTIGTE FETTSÄUREN wie Butter und Schmalz vor, bei Pflanzen UNGESÄTTIGTE FETTSÄUREN wie Oliven- oder Mandelöl.

Fette ohne Doppelbindungen sind bei Raumtemperatur fest, Öle hingegen, die reich sind an Doppelbindungen, werden bei Zimmertemperatur flüssig.

LIPIDE – DER ECHTE GESCHMACK DES LEBENS

Fette und Öle sind Teil der großen Familie, die Chemiker LIPIDE nennen. Fleisch, Fisch und Eier enthalten Fett, weil sie von Tieren stammen, die wie wir LIPIDE für ihre Lebensfunktionen brauchen. Tiere nutzen Fette als Kraftreserven, zur Isolierung und um Zellen zu produzieren.

GLEICHES LÖST GLEICHES

Lipide sind nicht löslich, d.h., sie lösen sich in Wasser nicht auf. Sie lösen sich allerdings in Stoffen auf, die ihnen ähneln, etwa in Azeton, Alkohol und Kohlenwasserstoff (Benzin). Deshalb braucht man bestimmte Mittel, um Lipide von Töpfen, Pfannen und Kleidung abzuwaschen.

Auch Wachse sind Lipide. Sie bedecken als dünne Schicht Obst und Blätter, damit die Pflanzen nicht zu viel Wasser verlieren und um sie vor Schädlingen zu schützen. Wachs ist bei vielen Insekten ein Teil des Skeletts, es bedeckt auch das Gefieder von Wasservögeln.

BLASEN IM GLAS

SCHWIERIGKEIT:

DRECKFAKTOR:

ZEIT: 5–10 Minuten

MACHE ES MIT:
–

DU BRAUCHST

- 1 Glas
- Wasser
- Öl (Sonnenblumen-, Erdnuss- oder Olivenöl – geht alles)
- Lebensmittelfarbe
- 1 Teelöffel
- 1 Tablette Aspirin

UND SO GEHT ES

1

Fülle ein Drittel des Glases mit Wasser.

2

Gib Lebensmittel-farbe dazu und rühre gut um.

3

Fülle die restlichen zwei Drittel des Glases ganz langsam mit Öl. Es darf keine Blasen geben.

4

Warte etwas ab, damit die Flüssig-keiten sich gut trennen.

5

Gib die Aspirin ins Glas und schau, was passiert.

WAS IST PASSIERT?

Wasser und Öl sind unvermischbare Flüssigkeiten, sie vermischen sich also nicht. Die Tablette erzeugt beim Kontakt mit Wasser Gasbläschen, die das Wasser binden und nach oben transportieren. Beim Kontakt mit der Luft platzen die Bläschen. Das Wasser, das dichter ist als Öl, sinkt ab und der Kreislauf beginnt erneut.

DARTH SOAP – DER FEIND DES SCHMUTZES

Der schlimmste Feind der Galaxis aus Dreck ist Seife. Sie ist das Ergebnis einer CHEMISCHEN REAKTION, der VERSEIFUNG:

DIE SEIFE HAT DIE DOPPELTE MACHT!

Die MOLEKÜLE, aus denen Seife besteht, haben eine doppelte Natur:

- einen **hydrophilen Kopf**, der Wasser gut bindet
- einen **hydrophoben Schwanz**, der Wasser abweist und Fette und Öle anzieht.

Treffen die MOLEKÜLE der Seife auf Schmutz, ordnen sie sich in einem Kreis an und zeigen mit den Schwänzen nach innen – sie berühren damit den Schmutz – und den Köpfen nach außen, in Kontakt mit dem Wasser. So entsteht eine winzige Kugel, die MICELLE.

SAUBER ODER NICHT SAUBER – DAS IST HIER DIE FRAGE!

Das Geheimnis der Putzkraft der Seife liegt in den MICELLEN. Sie fangen den Schmutz ein.

Seife kann die OBERFLÄCHENSPANNUNG brechen, also die unsichtbare, elastische Haut auf der Oberfläche einer Flüssigkeit. Deshalb ist die Seife ein „oberflächenaktiver Stoff".

WASSERLÄUFER

Einige Insekten nutzen die OBERFLÄCHENSPANNUNG (die Bindekraft der MOLEKÜLE) und laufen über das Wasser.

ÖL VS. SEIFE

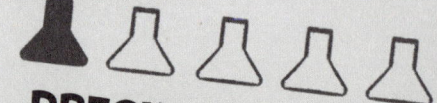
DU BRAUCHST

- 1 Glas
- Wasser
- Öl
- 1 EL Spülmittel
- 1 TL zum Umrühren

UND SO GEHT ES

1 Das Glas halbvoll mit Wasser füllen.

2 Dann zu einem Drittel Öl eingießen.

3 Umrühren und betrachten, was passiert.

4 Wenn sich die beiden Flüssigkeiten getrennt haben, gibst du ein EL Spülmittel hinzu, rührst um und beobachtest.

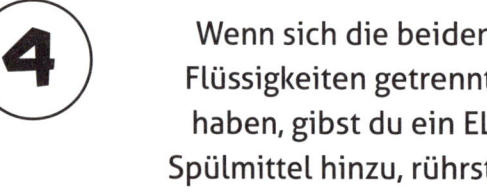

WAS IST PASSIERT?

Wasser und Öl mischen sich nicht, aber das Spülmittel fängt die Öltropfen in den Micellen. Jetzt mischen sich Wasser und Öl.

EINE ERSCHÜTTERUNG DER MACHT

DU BRAUCHST

- 1 Glasschüssel
- Wasser
- gemahlener Pfeffer
- Waschmittel

SCHWIERIGKEIT:

DRECKFAKTOR:

ZEIT: 5–10 Minuten

MACHE ES MIT:

UND SO GEHT ES

ICH LAUF ÜBER'S WASSER!

 **1** Fülle die Glasschüssel mit Leitungswasser.

 **2** Schütte den Pfeffer hinein und verteile ihn gleichmäßig auf der Oberfläche. Wie sieht es aus?

 **3** Nun kommt ein Tropfen Waschmittel in die Mitte der Schüssel. Beobachte genau.

WAS IST PASSIERT?

Zunächst bleibt der Pfeffer an der Oberfläche, weil er sehr leicht ist und die Oberflächenspannung nicht brechen kann. Das Waschmittel bricht die „Haut", der Pfeffer sinkt zum Boden.

GEMEINSAM GEGEN DRECK

ACHTUNG, ACHTUNG!

Unscheinbare Back- und Kochzutaten können voller Überraschungen sein!
Backpulver sieht wie ein weißes Pulver aus, es ist aber eine BASE, die
vielfältig eingesetzt wird.

① ES BEKÄMPFT DEN SCHMUTZ

Backpulver verstärkt die Wirkung von Seife. Das Pulver ist eine BASE, die sandige Konsistenz wirkt leicht wie Schleifpapier. Allerdings kann es alleine Fett nicht beseitigen.

② ES VERNICHTET GERÜCHE

Anders als Deos oder Kerzen, die Gerüche erzeugen, nimmt Backpulver Gerüche auf.

③ ES HAT REINIGUNGSKRAFT

Deshalb wird es Waschmitteln und Bleichzahncreme beigefügt, um Flecken zu entfernen.

④ ES ERZEUGT GAS

Wird Backpulver auf über 100° erhitzt, setzt es Kohlendioxid frei. Es ist also ein toller Feuerlöscher, weil es den Sauerstoff erstickt.

$NaHCO_3$

MEHR ALS SALAT

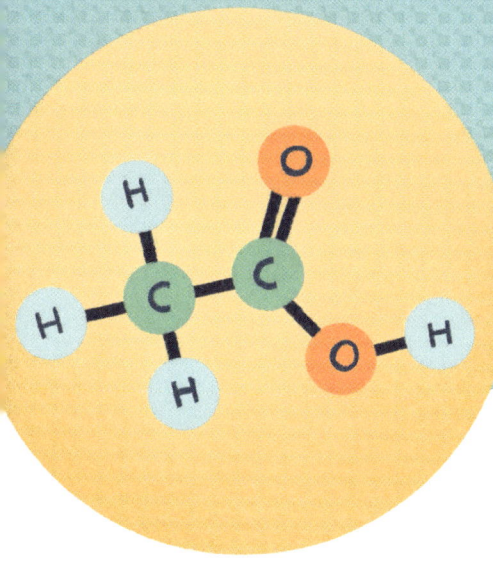

Essig taugt nicht nur als Dressing für den Salat, er hat noch mehr Talente!
Er ist eine SÄURE, und das macht ihn zu einem guten Waschmittel.

FAKT

In hoher Konzentration kann Essig manche Stoffe korrodieren, etwa Marmor, Stein und Gummi. Essig reagiert auch aggressiv auf manche Metalle, etwa Gusseisen, Aluminium und Stahl und kann die Haut reizen.

SPRUDELNDE UND SCHAUMIGE MISCHUNGEN!

Hast du schon einmal Essig und Backpulver gemischt? Die Mischung setzt Wasser und Kohlendioxid frei, und zwar als wunderbaren, sprudelnden Schaum.
Mit der Mischung kriegt man aber nichts sauber – mischt man Säuren und Basen, hebt sich ihre Wirkung auf und sie sind nicht mehr zu gebrauchen.

ES IST REAKTIONS-ZEIT!

SCHWIERIGKEIT:

DRECKFAKTOR:

ZEIT: *10–15 Minuten + 4–5 Stunden*

MACHE ES MIT:

UND SO GEHT ES

1 Gib 2 TL Backpulver in jedes Glas.

2 Fülle ein Glas halbvoll mit Essig.

3 Ins 2. Glas gibst du 2 TL Weinstein, dann ein halbes Glas Wasser mit Zimmertemperatur.

4 Ins dritte Glas kommen 2 TL Honig, dann umrühren.

5 Ins vierte Glas füllst du eine zweite Hälfte kochendes Wasser.

WAS IST PASSIERT?

Nicht alle Reaktionen zwischen BASEN und SÄUREN finden gleich schnell statt: einige früher, andere später.

Glas 1	Glas 2	Glas 3	Glas 4
Die Reaktion kam schnell und das freigesetzte Kohlendioxid verflog rasch.	*Die Reaktion erfolgt langsamer, das Kohlendioxid wird erst Minuten später freigesetzt.*	*Honig ist äußerst viskos, er erzeugt nicht so schnell Kohlendioxid. Er braucht Stunden.*	*Die Reaktion erfolgt sofort, auch das Kohlendioxid verdampft sofort.*

KLEBER KOCHEN

DU BRAUCHST

- 1 Glas Milch
- 4 Löffel mit weißem Essig
- 1 Esslöffel Backpulver
- Wasser
- 1 Topf
- 1 Sieb

UND SO GEHT ES

1 Erhitze die Milch im Topf.

2  Topf weg von der Kochplatte, 4 TL weißen Essig hinzu, umrühren. Warte 10 Minuten.

3 Gieße das ganze durch ein Sieb und warte 10 Minuten.

4  Gib die klumpige Mischung in einen Topf.

5  Füge einen TL Backpulver hinzu und 4–5 EL Wasser, um alles aufzulösen.

6 Die Mischung bei Umrühren mit niedriger Hitze erwärmen, bis sie kocht.

7  Kocht alles, dreh die Hitze ab, lass alles abkühlen.

8 Du erhältst eine leicht viskose Flüssigkeit, die als Leim dient.

Lass dich nicht entmutigen, wenn es nicht auf Anhieb klappt. Der Leim braucht mehrere Stunden, bis er klebt.

WAS IST PASSIERT?

Der Essig verdickt die Milch, indem er sie in einen flüssigen und einen festen Teil trennt. Das Backpulver in Kontakt mit dem SAUREN Quark verwandelt ihn in einen klebrigen Leim und setzt die Gase frei.

KAMPF GEGEN KALK

In der Spüle, auf Kacheln und Geräten, die mit Wasser in Kontakt kommen, findest du einen **weißen** Belag.
DAS IST KALK.
Kalk ist ein Gestein mit dem Hauptbestandteil **Kalziumkarbonat**.

In seinem Kreislauf sickert Wasser durch Gestein. Dabei löst es Mineralien wie **KALZIUMKARBONAT**, **MAGNESIUM** und **BIKARBONAT**. Verdampft das Wasser, bleiben diese Mineralien zurück und bilden eine Ablagerung.

Tag um Tag, Tropfen um Tropfen sammelt sich das im fließenden Wasser vorhandene Kalziumkarbonat an und bildet Krümel, die schließlich die Rohre verstopfen können. Kalk ist durch Säure löslich, deshalb kann man ihn mit Essig entfernen!

TROPFEN UM TROPFEN

Wasser kann sehr viel!
Tropfen um Tropfen kann es
große Skulpturen formen:
Stalagmiten und Stalaktiten.

Stalagmiten und **Stalaktiten** werden von
Tropfwasser gebildet, das im Laufe der
Zeit Mineralien ablagert. Regnet es,
wird Wasser mit Kohlendioxid aus der
Atmosphäre angereichert, dadurch wird
es leicht SAUER. Diese LÖSUNG löst
das Kalziumkarbonat aus dem Gestein
und wandelt es in Kalziumbikarbonat
um. In Höhlen verdunstet Wasser,
Kohlendioxid wird ausgeschieden und
aus Kalziumbikarbonat wird wieder
Kalziumkarbonat,
das die Tropfsteine
festigt.

**FUN
FACTS**

Der Name **STALAKTIT** stammt vom griechischen Wort stalaktites, tropfen. Geologen nennen die
Tropfsteine an der Decke Stalaktiten und die am Boden Stalagmiten. Im Laufe der (langen) Zeit wachsen
beide, bis sie sich berühren und Säulen aus Kalziumkarbonat bilden.

DAS GUMMI-EI

DU BRAUCHST

- *1 Glas*
- *1 Ei*
- *Essig*
- *1 Topf*
- *Wasser*

UND SO GEHT ES

1 Lege das Ei in den Topf und gieße ein Glas Wasser darüber.

SCHWIERIGKEIT:

DRECKFAKTOR:

ZEIT: *10–15 Minuten + 1 Tag*

MACHE ES MIT:

2

Lass 10 Minuten kochen, bis das Ei hart ist.

3 Wenn es abgekühlt ist, gibst du das Ei ins Glas.

4 Gieße Essig ins Glas, bis das Ei völlig bedeckt ist.

5 Lass das Ei einen Tag im Glas.

6 Nimm das Ei aus dem Glas – und spiele damit!

WAS IST PASSIERT?

Die Säure im Essig löst die Eierschale auf, die aus Kalziumkarbonat besteht, nicht aber die Haut, die das Ei umgibt. Die Haut ist dünn, aber auch stark. Nun hast du ein Gummiei, das hüpft, ohne zu zerbrechen!

DIE KUNST DES KALKS

DU BRAUCHST

- 500 ml Wasser
- 40 g Backpulver
- 1 dicker Wollfaden, 50 cm lang
- 2 Glasbehälter
- 1 Topf
- 1 Tablett

UND SO GEHT ES

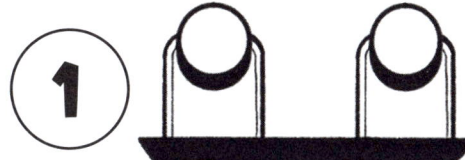

1 Stelle beide Behälter 15 bis 20 cm voneinander entfernt auf ein Tablett.

SCHWIERIGKEIT:

DRECKFAKTOR:

ZEIT: 10–15 Minuten + 7–10 Tage

MACHE ES MIT:

2 Erhitze 500 ml Wasser in dem Topf.

3 Von der Platte nehmen, nach und nach Backpulver einschütten. Gut umrühren.

4 Gieße die Flüssigkeit in die Behälter, lasse sie abkühlen.

5 Mach einen Knoten in die Fadenmitte und mehrere an den Enden, damit sie schwerer werden.

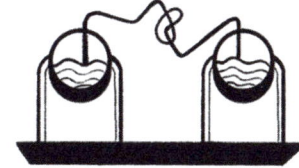

6 Lasse je ein Ende in einem der Behälter. Warte mehrere Tage.

Blasen und Schaum bilden sich in Folge des Karbondioxids, das vom Backpulver gelöst wird, wenn es ins kochende Wasser gelangt.

WICHTIG

Kristalle bilden sich manchmal nicht, weil Wärme, Kälte und Feuchtigkeit den Vorgang beeinflussen. Lass dich nicht entmutigen!

WAS IST PASSIERT?

Das vom Backpulver gesättigte Wasser verdampft, und das Backpulver kristallisiert am Faden und bildet winzige Stalagtiten – genauso wie in Tropfsteinhöhlen!

SCHIMMEL, SCHIMMEL UND NOCH MEHR SCHIMMEL

Bewahrst du Obst oder Käse mehrere Tage lang in einem geschlossenen Behälter in Kühlschrank oder Schrank auf, entdeckst du auf der Oberfläche weiße oder grüne, schwammartige Flecken.
EIN HERZLICHER GRUSS AN SCHIMMEL!

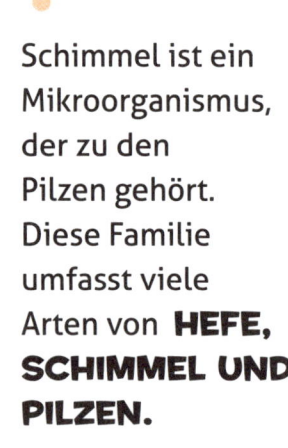

Schimmel ist ein Mikroorganismus, der zu den Pilzen gehört. Diese Familie umfasst viele Arten von **HEFE, SCHIMMEL UND PILZEN.**

Schimmel wirkt wie eine **SCHWAMMIGE MASSE** in unterschiedlichen Farben (schwarz, grün, braun, rot, blau, gelb), je nach Art und Umweltbedingungen. Schimmel besteht aus vielen feinen Fäden, den Myzelien. Die Fäden erforschen die Umwelt, verankern den Pilz und nehmen Nahrung auf.

Unter ungünstigen Umweltbedingungen bilden Schimmelpilze Sporen. Diese erhalten das Leben, denn sobald die Umstände wieder günstiger werden, erwachen die Sporen und pflanzen sich wieder fort.

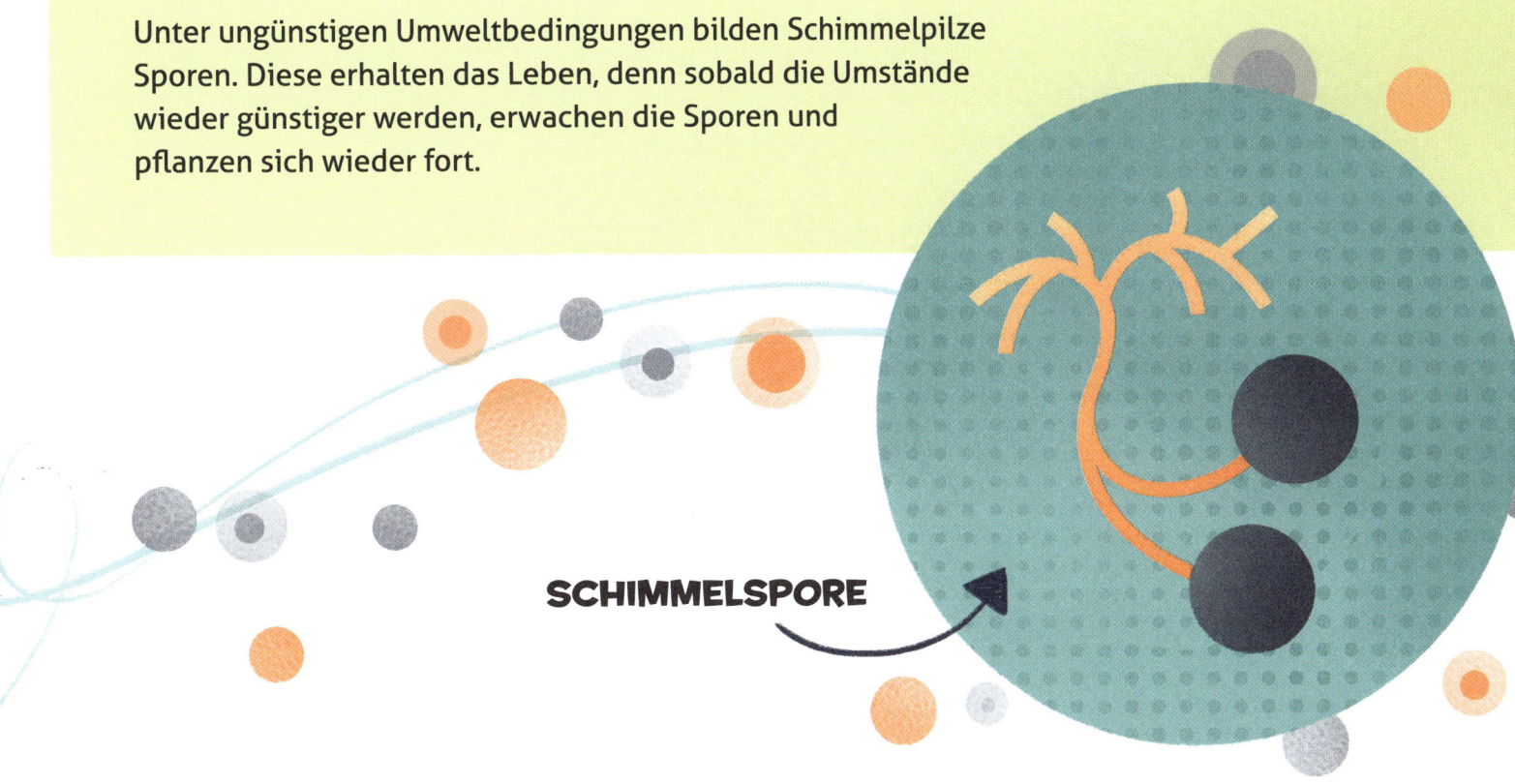

SCHIMMELSPORE

Sporen sind leicht, unsichtbar und unfassbar widerstandsfähig. Sie werden durch Wind, Wasser und Insekten verbreitet.

Schimmel setzt sich auf die Oberflächen im Haus und mag warme und feuchte Ecken, etwa im Keller und im Bad.

Er kann auch auf altem Obst wachsen oder in Behältern und im Kühlschrank.

Einige Schimmelpilze können Gesundheitsprobleme verursachen, andere sind genießbar, wie z.B. der Edelschimmel auf dem Käse. Andere Schimmelpilze schützen uns vor Bakterien.

NOBELPREIS-SCHIMMEL

Man staunt, aber aufgrund von Schimmel erhielt **ALEXANDER FLEMING**, ein britischer Arzt und Biologe, 1945 den Nobelpreis für Medizin.

1928 untersuchte Fleming Bakterien, die er züchtete. Dann fuhr er ein paar Tage in Urlaub, als er zurückkam, merkte er, dass einige Behälter verschimmelt waren. Und wo es schimmelte, starben die Bakterien. Fleming nahm an, dass der Schimmel die Bakterien abtötete, und betrachtete sich den Schimmel genauer. Später nannte er ihn Penizillin. PENIZILLIN WAR DAS ERSTE ANTIBIOTIKUM. ES HAT VIELE SCHWERE KRANKHEITEN BESIEGT.

Bereits 35 Jahre zuvor hatte ein italienischer Arzt, **VINCENZO TIBERIO,** die Heilwirkung von Schimmel entdeckt. Jedes Mal, wenn man einen Brunnen bei seinem Haus von Schimmel reinigte, litten die Menschen unter Magenschmerzen. Sie hörten auf, wenn wieder Schimmel wuchs. Tiberio veröffentlichte das in einer Fachzeitschrift, aber er wurde nicht beachtet.

DIE WELT DES SCHIMMELS

SCHWIERIGKEIT:

DRECKFAKTOR:

ZEIT: 30–40 Minuten
5–7 Tage

MACHE ES MIT:
+

DU BRAUCHST

- 1 Plastikbehälter mit Deckel (100 ml)
- ¼ Bouillonwürfel
- 1 Teelöffel Zucker
- 1 g Agar-Agar
- Wasser
- 1 Topf
- 1 Wattebausch

UND SO GEHT ES

1

Im Topf löst du 1 TL Zucker und 1 g Agar-Agar in 200 ml Wasser auf. Gut umrühren.

2

Gib den Bouillonwürfel in den Topf, bringe ihn zum Kochen. Gut auflösen.

3

Gieße die Mischung in den Behälter und kühle ihn auf Zimmertemperatur.

4

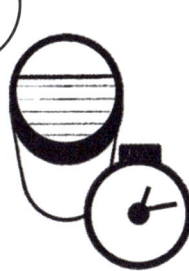

Hat sich die Mischung abgekühlt und ist starr geworden, kannst du Mikroorganismen säen.

5

Wisch mit dem Wattestäbchen über den Kühlschrank und zeichne ein Z auf dein Nährmedium.

6

Nun Deckel auf den Behälter. Mach gut dicht, lass alles ein paar Tage ruhen.

WAS IST PASSIERT?

Das von dir zubereitete Nährmedium kann jede Art von Schimmel bilden, Hefe und Bakterien ernähren, die in der Luft sind.

ACHTUNG!

Du darfst den Behälter nicht mehr öffnen. Nach einer Weile wirfst du ihn geschlossen in den Müll.

SCHLAMM UND SCHLEIM!

Schlamm kann schleimig sein. An einem Regentag sinken deine Füße ein. Er kann auch wie eine Creme als Schönheitsmittel auf das Gesicht aufgetragen werden.

SCHLAMM

Schlamm besteht aus Erde, Staub und sehr feinem Material, das sich in sehr wenig Flüssigkeit verteilt. Ruht eine solche Mischung eine Zeitlang, setzen sich die feinen Teilchen am Boden ab und bilden Schlamm.

AKTIVIERTER SCHLAMM

Mit aktiviertem Schlamm wird Abwasser der Haushalte gereinigt. Die Bakterien im Schlamm ernähren sich von organischem Material und verwandeln es in einfachere Stoffe, z.B. Kohlendioxid und Wasser. Die Bakterien beziehen so die Energie für Wachstum und Fortpflanzung.

THERMALSCHLAMM

Thermalschlamm ist reich an Lehm, Mineralien und Algen. Er ist sehr nützlich – man formt daraus Kompressen, damit die Nährstoffe im Schlamm über die Haut aufgenommen werden, die Abfallstoffe des Körpers werden gleichzeitig vom Schlamm abtransportiert.

ABLAGERUNGEN!

DU BRAUCHST

Kies
Lehm
Sand
Gartenerde
Wasser
1 Schüssel
1 Glasbehälter, 40 cm hoch

UND SO GEHT ES

SCHWIERIGKEIT:

DRECKFAKTOR:

ZEIT: *10–15 Minuten*

MACHE ES MIT:

1 Fülle ⅓ Behälter mit Wasser

2 Mische in einer Schüssel unterschiedliche Mengen von Kies, Lehm und Erde (3–4 EL), um 1–2 Gläser zu füllen

3 Gieße die Mischung langsam in den Behälter und beobachte.

WAS IST PASSIERT?

Die größten und schwersten Partikel wie Kies fallen zum Boden, der Lehm schwebt im Wasser und setzt sich erst allmählich nach unten ab.

UNTER DEINEN FÜSSEN

ORGANISCHE TEIL

ANORGANISCHER TEIL

HOHLRÄUME

WORAUS BESTEHT DER BODEN UNTER DEINEN FÜSSEN?

Boden ist eine Mischung aus organischen und anorganischen Stoffen. Der **ANORGANISCHE TEIL** (rund 45–50 %) besteht aus Mineralien in Steinen. Der **ORGANISCHE TEIL** (rund 5–10 %), Humus genannt, besteht aus Blättern, Samen und Tierresten, und macht den Boden fruchtbar. Die restlichen 50 % des Bodens bestehen aus **HOHLRÄUMEN** mit Luft und Wasser, je nach Bodentyp und Umweltbedingungen, also Temperatur, Feuchtigkeit und Niederschlag.

BODENDURCHLÄSSIGKEIT:

DURCHLÄSSIGKEIT bezeichnet die Fähigkeit des Bodens, Wasser durchzulassen. Je mehr Hohlräume im Boden sind, desto durchlässiger ist er.

KIESIG
Wasser fließt einfach durch.

SANDIG
Durchlässig, Wasser kann sickern.

LEHMIG
Undurchlässig, Wasser kann nicht durchsickern

GEMISCHT
Kies, Sand und Lehm, fruchtbar, dient dem Ackerbau.

DURCHLÄSSIGER BODEN

DU BRAUCHST

- Drei 2-Liter-Plastikflaschen
- 1 Glas Sand
- 1 Glas Lehm
- 1 Glas Gartenerde
- Wasser
- Gaze
- 3 Gummibänder
- Schere

SCHWIERIGKEIT:

DRECKFAKTOR:

ZEIT: 15–20 Minuten

MACHE ES MIT:

UND SO GEHT ES

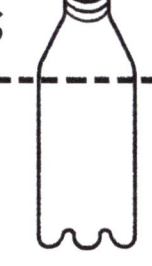

1 Schneide das Oberteil jeder Flasche ab. Du erhältst einen Trichter von ⅓ Flaschenlänge, Deckel abschrauben.

2 Bedecke den Hals jeder Flasche mit Gaze (drei Schichten pro Flasche) und befestige sie mit einem Gummiband.

3 Stecke einen Trichter in jeden Flaschenboden.

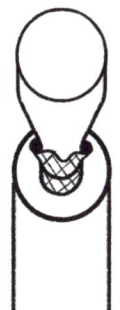

4 Fülle Flasche A mit Sand, B mit Lehm, C mit Gartenerde.

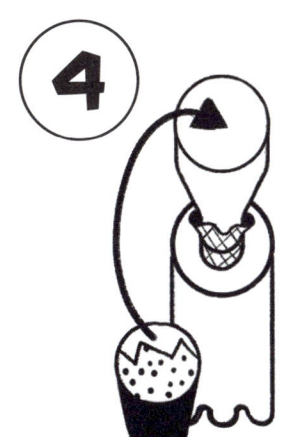

5 Schütte 1 Tasse Wasser in jeden Trichter und warte 10 Minuten. Was geschieht?

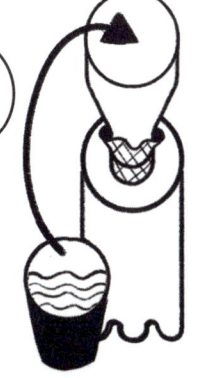

WAS IST PASSIERT?

Jede Flasche hält Wasser in unterschiedlicher Weise. Wasser sickert schnell durch Sand, langsamer durch Gartenerde und noch viel langsamer durch Lehm.

SO VIELE WÜRMER!

Wie schnell nennt man etwas „Wurm"! Das Wort bezeichnet die unterschiedlichsten langen Tiere ohne Beine aus ganz verschiedenen Familien. Wir nennen auch manche Insektenlarven fälschlicherweise Würmer. Und natürlich lieben wir Würmer, weil sie so knuddelig sind!

JEDEM WÜRMCHEN SEINEN NAMEN

Je nach ihrem Aussehen haben Würmer einen anderen Namen. Es gibt Fadenwürmer *(Nematoden)*, Plattwürmer *(Platyhelminthen)* und Ringelwürmer *(Anneliden)*. Es gibt sogar wegen seiner Form und Farbe einen Weihnachtsbaumwurm *(Spirobranchus giganteus)*.

FAKT

Regenwürmer sind wohl die bekanntesten Würmer – und sie sind äußerst nützlich. Sie machen den Boden fruchtbarer, weil sie ihn beständig umgraben und mit ihren Löchern durchtunneln. Sie tragen so dazu bei, dass Wasser, Luft und Wurzeln ihn besser durchdringen.

WURMJAGD

DU BRAUCHST

- 2 g Natriumalginat
- Wasser
- 2 g Kalziumchlorid oder Entwässerungssalz
- 2 Gläser oder Schüsseln
- Pürierstab
- Lebensmittelfarbe
- Löffel und/oder Spritze ohne Nadel

Es ist keine gute Idee, mit den Würmern im Garten zu spielen. Hier ist ein spannendes Experiment, bei dem du selbst Würmer herstellen kannst - ohne die echten Würmer unter der Erde zu stören.

UND SO GEHT ES

SCHWIERIGKEIT:

DRECKFAKTOR:

ZEIT: 10–15 Minuten

MACHE ES MIT:

1 Gieße 2 g Natriumalginat in 200 ml Wasser.

2 Dazu kommt Lebensmittelfarbe.

3 Alles mixen, bis das Alginat aufgelöst ist.

4 Gieße 2 g Kalziumchlorid in 200 ml Wasser, mische und lass es sich auflösen.

5 Mit dem Löffel oder der Spritze ohne Nadel gibst du kleine Mengen der Alginat-Lösung in die Kalziumchlorid-Lösung. Es bilden sich Gallertwürmer.

6 Lass ein paar Minuten einweichen, dann kannst du deine Würmer ausschütten, um mit ihnen zu spielen.

ACHTUNG!

Je länger Alginat in Kontakt mit Kalziumchlorid bleibt, desto dicker wird die Lösung. Die Würmer werden härter und prallen besser.

WAS IST PASSIERT?

Natriumalginat besteht aus Seetang. Wenn Natriumalginat mit Kalziumchlorid in Kontakt kommt, verbinden sich die MOLERKÜLE. Diese Bindungen formen einen Film um das Wasser und erzeugen so kleine, klebrige Würmer.

Licht und Schatten

LICHT IST LEBEN!

Licht ist Leben, Wärme, Energie.
Dank des Lichtes können beispielsweise Pflanzen Photosynthese
betreiben, um zu leben, und Solaranlagen wandeln Lichtenergie
in Strom um.

LICHTGESCHWINDIGKEIT

Im Vakuum reist Licht mit rund
300 000 km/s in einer geraden Linie!

Das Licht braucht 8 Minuten, um von
der Sonne zur Erde zu kommen, und
legt dabei 150 Millionen Kilometer
zurück.

LICHT UND SCHATTEN

Stellt man einen Gegenstand vor eine Lichtquelle, erzeugt er einen **Schatten**. Die Lichtstrahlen, die auf den Gegenstand treffen, werden von ihm blockiert, die anderen reisen geradlinig weiter

Ein von einem gebündelten Lichtstrahl getroffenes Objekt wirft einen scharfen Schatten.

Ein Gegenstand, der von diffusem Licht getroffen wird, erzeugt einen weichen Schatten.

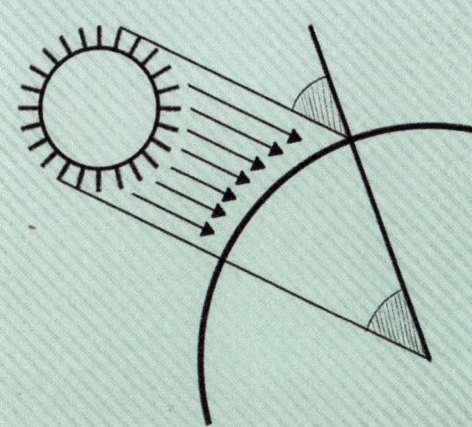

SCHATTEN AN DER WAND

SCHWIERIGKEIT:

DRECKFAKTOR:

ZEIT: *10–15 Minuten*

MACHE ES MIT:

UND SO GEHT ES

1 Schneide eine Form aus dem Karton – abstrakt oder realistisch.

DU BRAUCHST

- eine Taschenlampe
- eine Tischlampe
- Karton
- ein dunkler Raum
- Schere
- einen Holzspieß
- Klebeband

2 Klebe die Form an den Spieß.

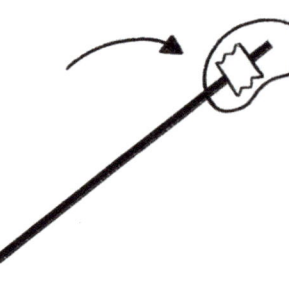

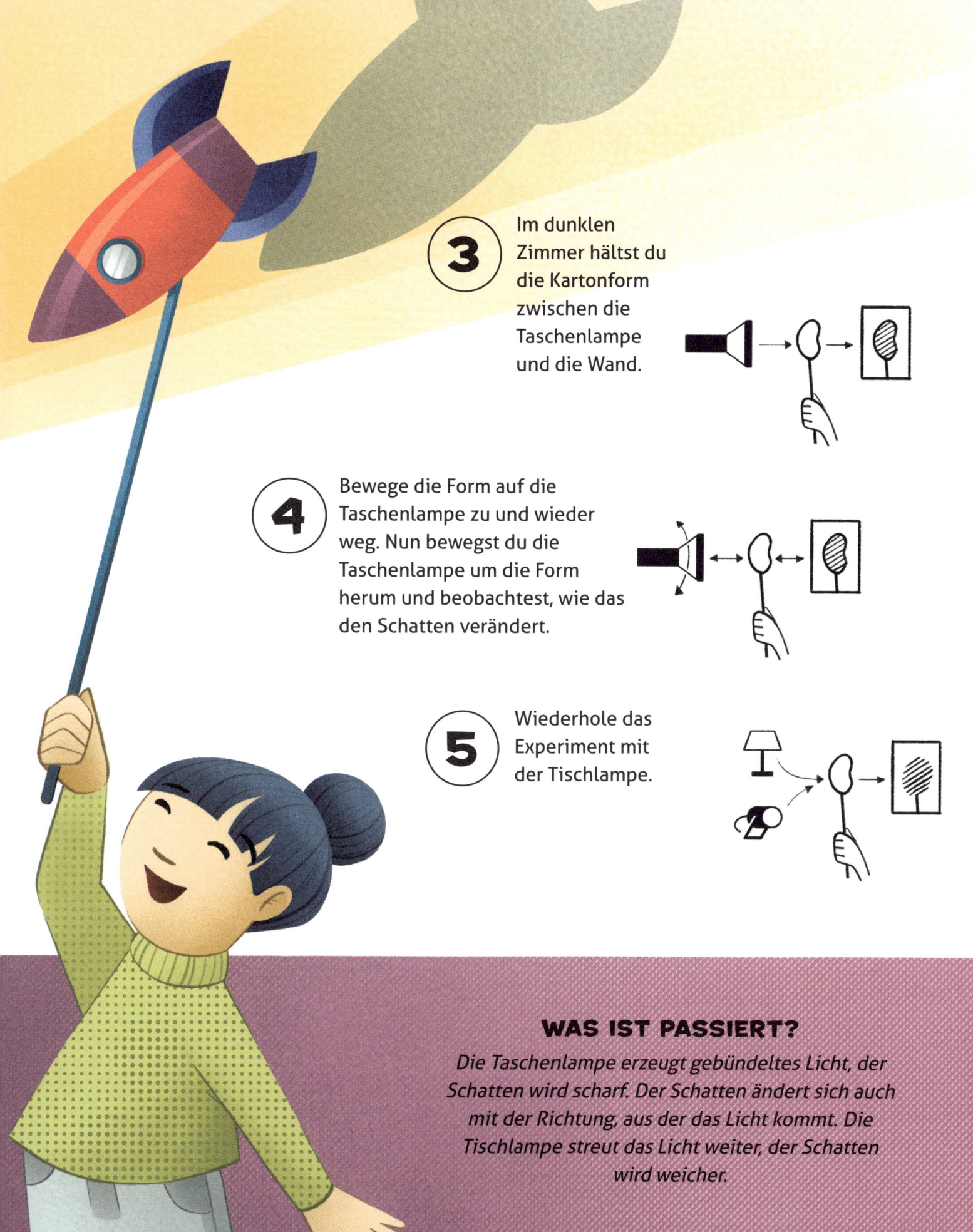

3 Im dunklen Zimmer hältst du die Kartonform zwischen die Taschenlampe und die Wand.

4 Bewege die Form auf die Taschenlampe zu und wieder weg. Nun bewegst du die Taschenlampe um die Form herum und beobachtest, wie das den Schatten verändert.

5 Wiederhole das Experiment mit der Tischlampe.

WAS IST PASSIERT?

Die Taschenlampe erzeugt gebündeltes Licht, der Schatten wird scharf. Der Schatten ändert sich auch mit der Richtung, aus der das Licht kommt. Die Tischlampe streut das Licht weiter, der Schatten wird weicher.

SCHATTEN-MARIONETTEN

Jetzt, wo du weißt wie und unter welchen Bedingungen ein Schatten entsteht, versuche Tiere mit deinen Händen zu kreieren.

DU BRAUCHST
- eine Taschenlampe
- ein dunkles Zimmer

UND SO GEHT ES

HUND

ELEFANT

Suche eines der hier oder auf der nächsten Seite gezeigten Tiere aus. Nun machst du mit deinen Händen das, was die Illustrationen zeigen.

1

56

HAHN

2 Finde die Entfernung von Hand und Taschenlampe, die das beste Bild ergibt.

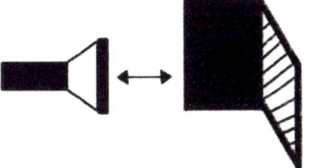

3 Bewege den Mund und die Ohren der Tiere und mach sie lebendig. Dazu kannst du noch die entsprechenden Laute ausprobieren!

VOGEL

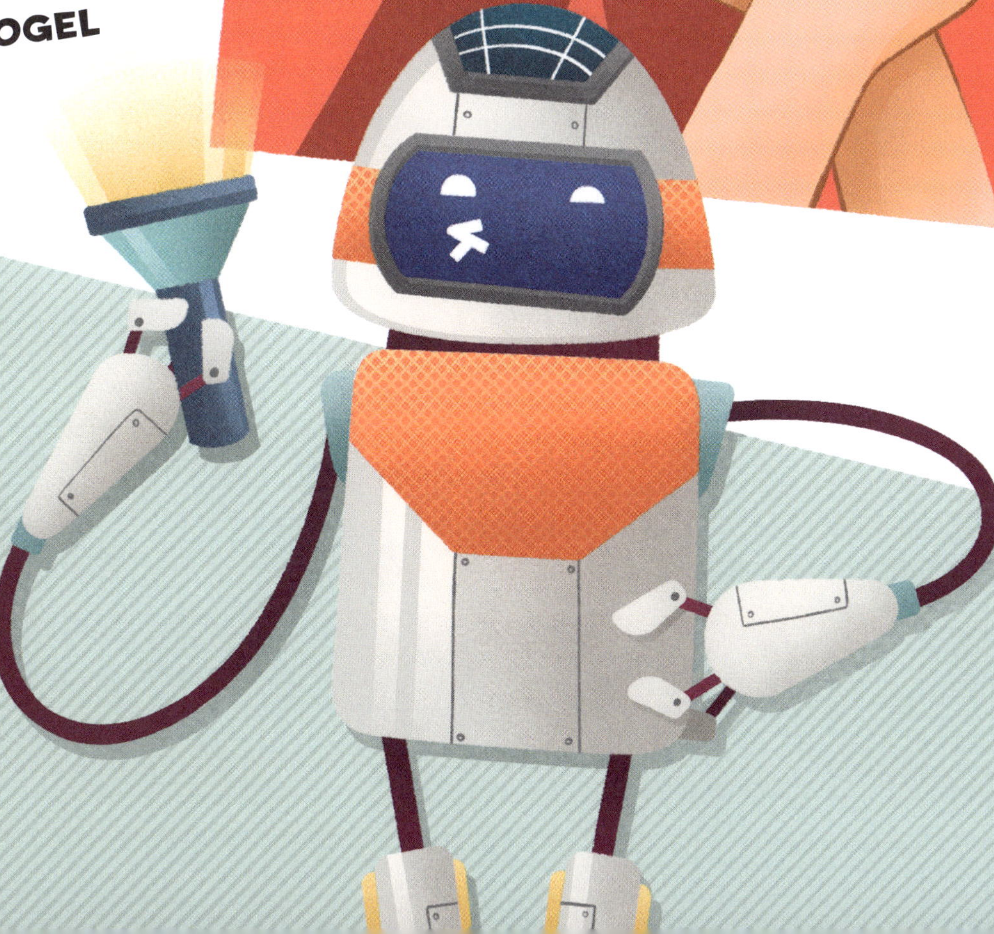

WAS IST PASSIERT?

Wenn du den genauen Winkel kennst, wie du die Hände zu halten hast, und die beste Entfernung von der Taschenlampe, dann kannst du jede Menge Formen an die Wand werfen. Probiere es aus und hab viel Spaß mit deinen Freunden!

LUMOS!

In den **HARRY-POTTER**-Büchern ist „Lumos" der Zauberspruch, um im Finsteren Licht zu schaffen. **Lumos Solem** macht eine Art Sonnenlicht, **Lumos Maxima** ein sogar noch helleres Licht.

LUMOS!

MEIN KÖRPERENDE LEUCHTET!

Im echten Leben ist die Sonne unsere wichtigste Lichtquelle, aber auch andere Sachen erzeugen Licht, z.B. Kerzen, Glühbirnen oder Glühwürmchen in den Sommernächten.

Alles, was nicht von sich aus Licht erzeugen kann, wird angestrahlt. Der Mond z.B. reflektiert nur das Sonnenlicht, ebenso ein Tisch oder eine Mauer. Die meisten Gegenstände strahlen kein Licht aus.

LEUCHTENDE GEGENSTÄNDE

Jeder Gegenstand strahlt Licht aus, wenn er auf eine hohe **Temperatur** erhitzt wird. So funktionierten die **Glühbirnen** – der **Leuchtfaden** wurde mit Strom erhitzt.

LICHT IN MATERIALIEN

Wenn Licht auf ein Hindernis trifft, ändert es seinen Weg. Man kann es umleiten, verlangsamen oder blockieren.

DURCHSICHTIGE Materialien lassen Licht durch. Man kann also Gegenstände dahinter deutlich sehen. Dazu gehören Luft, Glas und Wasser.

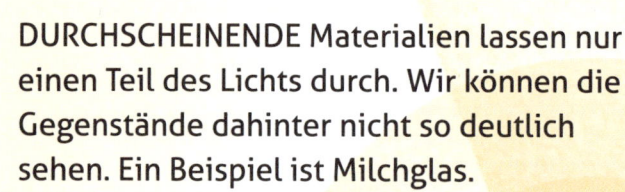

DURCHSCHEINENDE Materialien lassen nur einen Teil des Lichts durch. Wir können die Gegenstände dahinter nicht so deutlich sehen. Ein Beispiel ist Milchglas.

DURCHSCHEINENDE Materialien lassen nur einen Teil des Lichts durch, sodass man die Gegenstände hinter ihnen nicht klar erkennen kann. Milchglas ist beispielsweise ein durchscheinendes Material.

PRÜF-MATERIALIEN

UND SO GEHT ES

SCHWIERIGKEIT:

DRECKFAKTOR:

ZEIT: *5–10 Minuten*

MACHE ES MIT:

DU BRAUCHST

- eine Plastikflasche
- ein Glas
- ein Kissen
- ein Buch
- Pergamentpapier
- ein tragbarer Spiegel
- Papier
- ein Stift

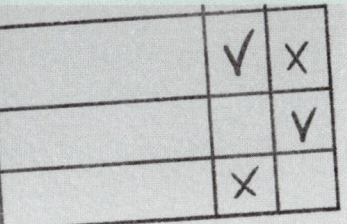

1 Leg deine Hand in oder hinter den Gegenstand

2 Mit dem Stift schreibst du das Ergebnis auf das Papier. Hast du deine Hand gesehen oder nicht?

3 Ordne die Gegenstände in: lichtundurchlässig, durchscheinend oder durchsichtig.

Teste andere Materialien, die du findest und schreibe die Ergebnisse auf.

WAS IST PASSIERT?

Siehst du deine Hand deutlich, ist das Material lichtdurchlässig, siehst du sie weniger deutlich, ist es durchscheinend, siehst du deine Hand nicht, ist es lichtundurchlässig.

REFLEXIONEN DES LICHTS

Trifft ein Lichtstrahl auf ein Hindernis, können zwei Sachen geschehen:

1. Ist die Oberfläche sehr glatt, wie die Oberfläche eines Sees oder ein Spiegel, werden die Lichtstrahlen regelmäßig und in einem deutlichen Bild reflektiert.
Man nennt das REFLEXION.

REFLEXION

DIFFUSE REFLEXION

2. . Ist die Oberfläche rau wie z.B. Karton, eine Wand oder Schnee, dann werden die reflektierten Lichtstrahlen in alle Richtungen gestreut. Man nennt das DIFFUSE REFLEXION.

WUSSTEST DU?

Die alten Ägypter
fanden heraus, dass manche
Oberflächen einen Lichtstrahl „hüpfen" lassen.
Mit einem ausgefuchsten System von polierten
Steinplatten, die sie wie Spiegel einsetzten,
reflektierten sie die Sonnenstrahlen und brachten so
Licht ins Innere der Pyramiden.

Nicht alles Licht, das auf ein
LICHTUNDURCHLÄSSIGES Objekt trifft,
wird reflektiert oder gestreut. Ein Teil wird
absorbiert. Ist der Gegenstand hell, absorbiert
er nur wenig, ist er dunkel, absorbiert er das
meiste Licht.

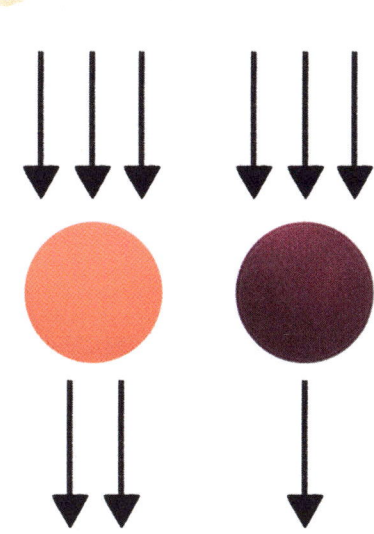

SONNENSCHUTZ

Im Schnee oder am Strand schützt
eine Sonnenbrille deine Augen vor
dem Glanz der unregelmäßigen
Oberflächen, die das Licht in alle
Richtungen streuen.

FÜHRE DAS LICHT

Heute können wir Licht durch dünne Glasfasern leiten und für ganz unterschiedliche Zwecke einsetzen.

GLASFASERN sind sehr dünne, transparente Faser aus Glas oder Kunststoff, in denen Licht in Zick-Zack-Linien springt, ohne nach außen zu strahlen.

DU BRAUCHST

- eine Schale
- eine durchsichtige Glasflasche
- einen dünnen, durchsichtigen Plastikschlauch
- eine Taschenlampe
- Klebeband
- Modellbau-Kitt
- ein dunkles Stück Stoff
- Schere
- Wasser
- eine Reißzwecke
- ein dunkles Zimmer

UND SO GEHT ES

1 Fülle ¾ der Flasche mit Wasser.

2 Bohre mit der Schere ein Loch in den Flaschenverschluss.

3 Schraube den Verschluss auf die Flasche, stecke den Schlauch in das Loch und dichte mit dem Kitt ab.

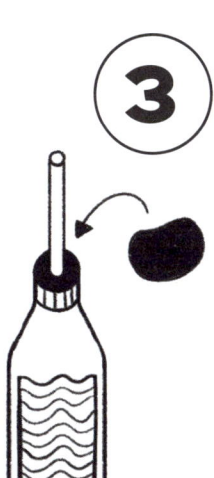

4 . Lege die Taschenlampe auf den Flaschenboden und befestige sie mit dem Klebeband.

5 Wickle die Flasche ins dunkle Tuch.

WAS IST PASSIERT?

Der Wasserstrahl leuchtet! Das Licht krümmt sich nicht, es läuft im Zick-Zack den Schlauch entlang, bis es unter herausleuchtet.

6 Lege das andere Ende des Schlauchs in die Schüssel.

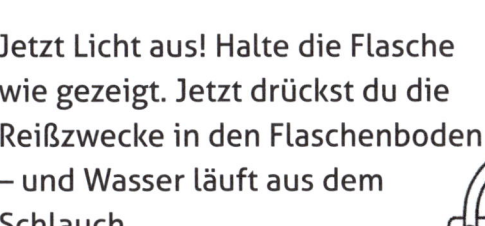

Jetzt Licht aus! Halte die Flasche wie gezeigt. Jetzt drückst du die Reißzwecke in den Flaschenboden – und Wasser läuft aus dem Schlauch.

7

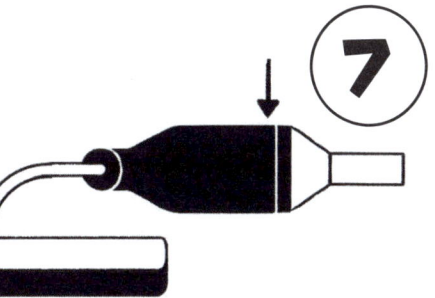

SPIEGLEIN, SPIEGLEIN AN DER WAND

Trifft ein Lichtstrahl auf einen Spiegel, wird er reflektiert. Er springt also zurück wie ein Ball vom Boden – so können wir unsere Reflexion sehen.

Ist der Spiegel ganz flach, ist die Reflexion so groß wie das Objekt selbst, allerdings werden rechts und links vertauscht.

Ist der Spiegel gekrümmt, wird das Spiegelbild verzerrt, vergrößert oder verkleinert oder auf den Kopf gestellt, je nach dem, wo sich der Gegenstand befindet.

In der Antike nutzte man glänzend polierte Gegenstände aus Metall als Spiegel, unsere modernen Spiegel bestehen aus auf der Rückseite mit Silber beschichtetem Glas. Sie gibt es erst seit dem Jahr 1300.

UND SO GEHT ES

U BRAUCHST

Spiegelfolie Din-A-4
ein Spielzeugauto

1 Stell die Spiegelfolie senkrecht hin

2 Stell das Spielzeugauto davor.

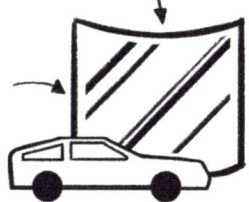

3 Verbiege die Folie nach hinten und nach vorn.

4 Beobachte, wie sich das Bild verändert

WUSSTEST DU?

Löffel sind ein gutes Beispiel für Spiegel, die gleichzeitig konkav und konvex sind. Betrachte dich in einem Löffel und freue dich daran, wie sich dein Abbild verzerrt.

WAS IST PASSIERT?

Wird die Spiegelfolie gebogen, verwandelt sie sich in einen konkaven und konvexen Spiegel. Dementsprechend wird das Bild des Autos sich verzerren.

UNTER DEM MEER

Wie kann man von einem U-Boot aus den Meeresspiegel sehen? Mit einem Periskop!

Ein **PERISKOP** ist ein optisches Instrument. Es ermöglicht, einen Gegenstand aus einer Position zu betrachten, die nicht in seiner Umgebung ist. Und dabei wird man selbst nicht gesehen.

BAU DEIN EIGENES PERISKOP

DU BRAUCHST

- ein Tetra-Pak
- ein Küchenmesser
- 2 Taschenspiegel gleicher Größe
- eine Klebepistole
- ein Bleistift

UND SO GEHT ES

1 Zeichne 2 45°-Winkel auf beide Enden des Tetra-Paks – wie im Bild gezeigt.

2 Schneide die Winkel mit dem Küchenmesser aus – du erzeugst zwei Schlitze.

3 Mit dem Heißleim klebst du die beiden Spiegel in die Schlitze. Die Spiegelflächen liegen sich gegenüber.

4 Richte den oberen Spiegel des Periskops auf etwas auf dem Tisch. Von dem Versteck unter dem Tisch kannst du es im unteren Spiegel betrachten

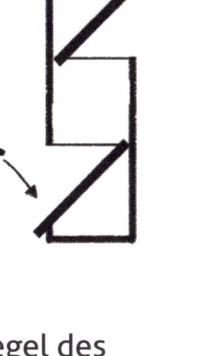

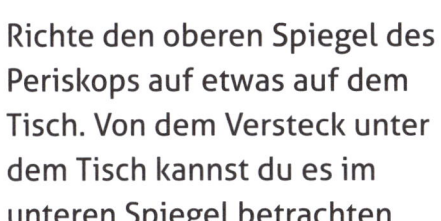

SPIEGEL

LICHT

WAS IST PASSIERT?

Das Periskop nutzt die Lichtspiegelung. Jeder Spiegel im Periskop reflektiert das Licht in 45°, also im selben Winkel, in dem das Licht auf ihn trifft.

LASERDROME

Ein Laser erzeugt einen monochromatischen (einfarbigen) Lichtstrahl. Man verwendet ihn für genaueste Messungen und für Operationen. Nun bauen wir ein Stadion für den Einsatz unseres Lasers!

DU BRAUCHST

- ein Laser-Pointer
- mehrere kleine Spiegel
- Karton
- ein Stift
- Schere
- Klebeband

SCHWIERIGKEIT:

DRECKFAKTOR:

ZEIT: 20 Minuten

MACHE ES MIT:

UND SO GEHT ES

1 Schneide aus dem Karton einen Kreis mit einem Durchmesser von 5 cm.

2 Befestige den Laser mit Klebeband am Tisch.

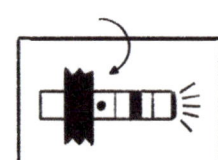

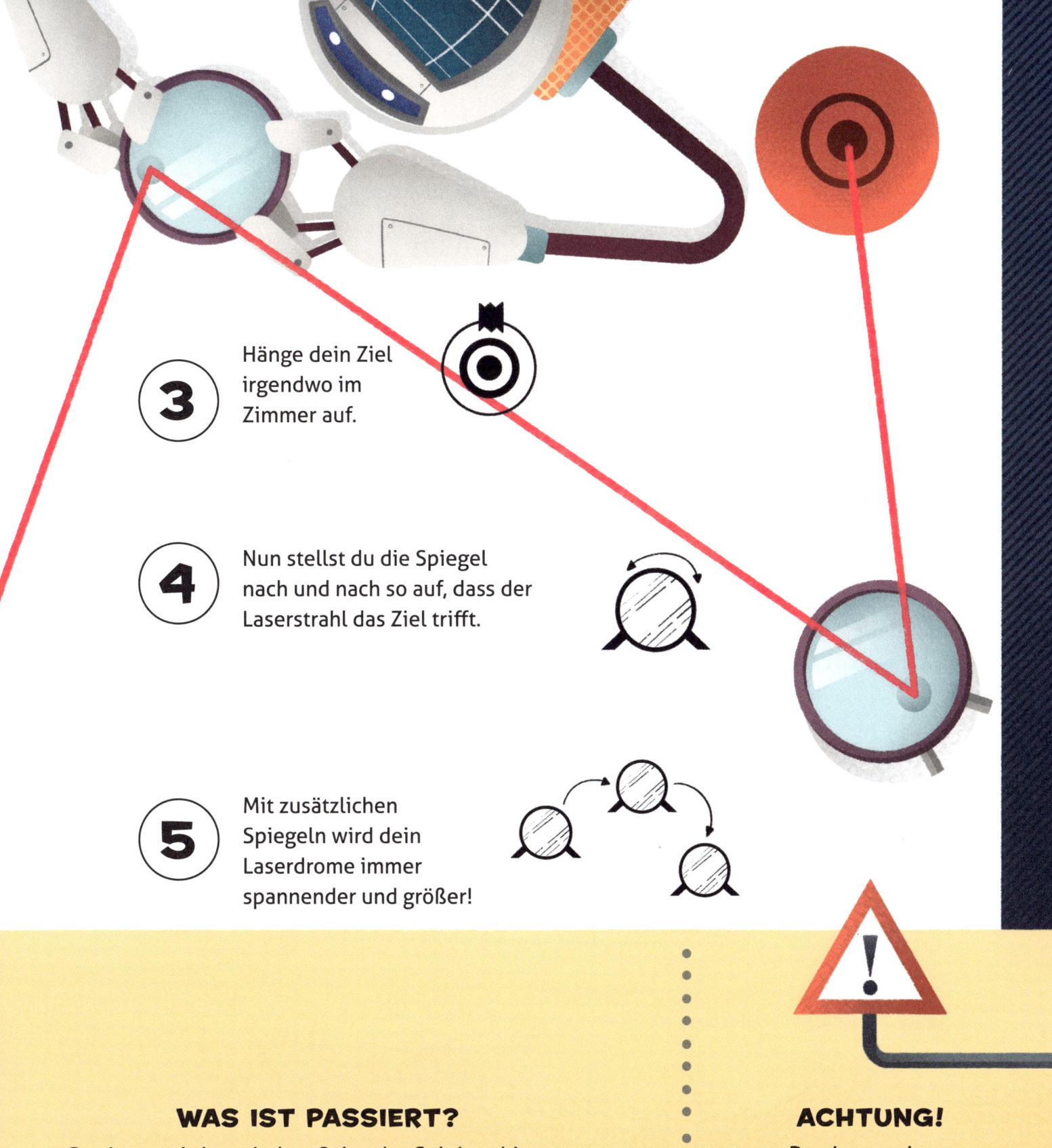

3 Hänge dein Ziel irgendwo im Zimmer auf.

4 Nun stellst du die Spiegel nach und nach so auf, dass der Laserstrahl das Ziel trifft.

5 Mit zusätzlichen Spiegeln wird dein Laserdrome immer spannender und größer!

WAS IST PASSIERT?

Der Laser wird von jedem Spiegel reflektiert, bis er auf sein Ziel trifft. Erweitere deinen Laserdrome bei jedem Mal.

ACHTUNG!

Den Laserpointer darfst du nie auf Menschen richten!

REFRAKTION

Hast du schon einmal versucht, etwas unter Wasser zu packen, hast aber daneben gefasst, weil es woanders war? Das passiert, weil Licht, das durch Wasser strahlt, unseren Blick verändert.

Geht Licht durch zwei durchsichtige Medien mit unterschiedlicher DICHTE, wie etwa Luft und Wasser oder Luft und Glas, ändert es seine Geschwindigkeit und damit seine Richtung. Dieses Phänomen nennt man REFRAKTION oder BRECHUNG.

EIGENTLICH BIN ICH HIER.

EINE FATA MORGANA

Ein besonderes Phänomen, das durch Lichtspiegelung entsteht, ist die Fata Morgana. Man denkt dabei zuerst an eine Oase mit Palmen in der Wüste, aber häufiger erzeugt sie eine Pfütze auf der Straße – die es gar nicht gibt.

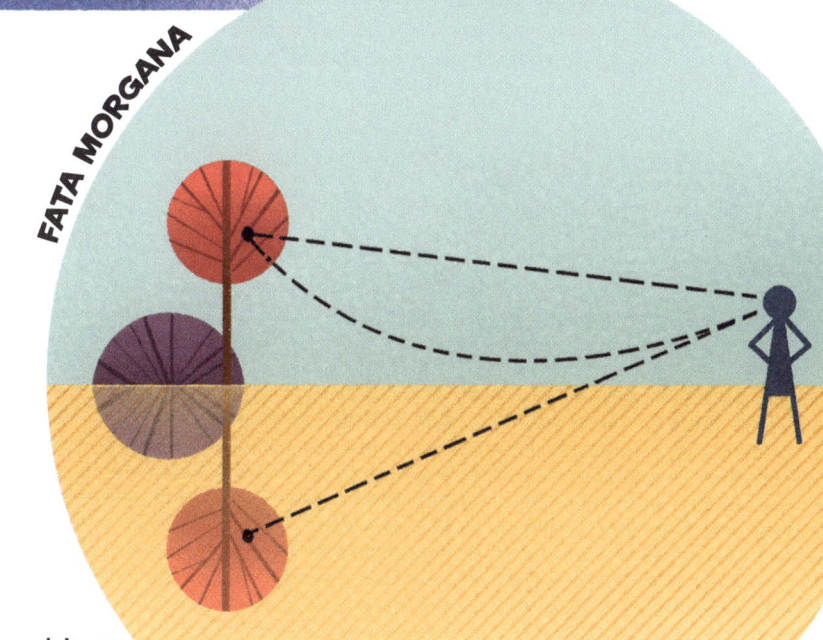

FATA MORGANA

An heißen Sommertagen erhitzt sich die Luft nahe am Boden. Sie wird also weniger dicht als die darüber. Sie leitet die Sonnenstrahlen ab und erschafft so das Phänomen.

Auftreffender Strahl

Reflektierter Strahl

Gebrochener Strahl

DAS GEHEIMNIS DER BRILLE

REFRAKTION oder BRECHUNG wird bei Linsen aus Glas genutzt. So kann man viele Sehfehler ausgleichen.

EIN GLAS UND EIN BLEISTIFT

UND SO GEHT ES

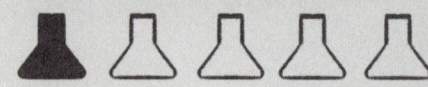

1

Fülle das Glas
halb mit Wasser

2

Lege den Stift
ins Wasser und
betrachte ihn genau.

WAS IST PASSIERT?

*Da ist ein Knick im Stift zwischen der Hälfte über und der
unter Wasser! Das kommt daher, dass das Licht gebrochen
wird, wenn es durch Luft (weniger dicht) und Wasser (dichter)
geht. Der Stift befindet sich für die Augen woanders als in
Wirklichkeit.*

PFEILE DREHEN

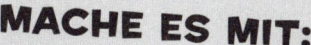

UND SO GEHT ES

DU BRAUCHST

- *ein Stück Papier*
- *ein Filzstift*
- *ien hohes, durchsichtiges Glas ohne Muster*
- *Wasser*

1 Zeichne einen Pfeil auf das Papier.

2 Stelle das Glas vor das Papier.

3 Fülle Wasser in das Glas.

4 Nun schiebst du das Glas etwas hin und her.

WAS IST PASSIERT?

Nachdem das Glas voll Wasser ist, zeigt der Pfeil in die andere Richtung, weil das Glas wie eine Linse wirkt.

NEWTON UND LICHT

ISAAC NEWTON entdeckte, dass weißes Licht, das durch ein Glasprisma geht, in viele Farben zerlegt wird.

Dieses Phänomen nennt man **CHROMATISCHE DISPERSION**.

Licht besteht also aus Farben von rot bis lila. Das nennt man das sichtbare Spektrum.

REGENBÖGEN SELBER BASTELN

SCHWIERIGKEIT:

DRECKFAKTOR:

ZEIT: *30 Minuten*

MACHE ES MIT:

DU BRAUCHST

- *ein Prisma*
- *eine Taschenlampe*
- *eine Kartonröhre*
- *Alufolie*
- *Schere*
- *eine Nadel*
- *Klebeband*
- *weißer Karton*

UND SO GEHT ES

1

Decke ein Ende der Kartonröhre mit der Folie ab, dann ritze einen Schlitz in die Mitte.

2 Lege das Prisma auf den Tisch neben den weißen Karton.

3 Schalte alle Lampen aus und lege die Taschenlampe in die Kartonröhre.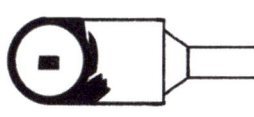

4 Drehe die Röhre, bis das Licht eine Seite des Prismas trifft und auf den Karton strahlt.

WAS IST PASSIERT?

Du beobachtest das physikalische Phänomen der CHROMATISCHEN DISPERSION, wenn das Prisma das Licht in seine verschiedenen Farben aufteilt.

REGENBÖGEN IM WASSER

Trifft Sonnenlicht auf einen Regentropfen, entsteht ein **REGENBOGEN**.
Der Regentropfen fungiert als Prisma, er bricht den Lichtstrahl und streut ihn
zu einem riesigen Spektrum.

ROT

ORANGE

GELB

GRÜN

BLAU

INDIGO

VIOLETT

Die Farben des Regenbogens erscheinen
in der Reihenfolge des am wenigsten
bis zum am stärksten gebeugten Licht:
Rot, Orange, Gelb, Grün, Blau, Indigo und
Violett.

ICH BIN
AUS ZINN!

Es gibt viele Lieder über den
Regenbogen. Eines der berühmtesten
ist **„Somewhere over the Rainbow"**
von 1939 und stammt aus dem Musical
„Der Zauberer von Oz".

UND SO GEHT ES

DU BRAUCHST

- eine Taschenlampe
- eine flache Schüssel
- Wasser
- weißer Karton
- ein Spiegel

1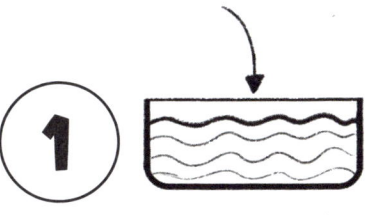

Fülle die Schale mit Wasser.

2

Lege den Spiegel in das Wasser.

3  Richte die Taschenlampe auf den Spiegel.

4 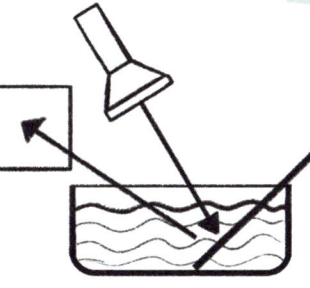 Fange das reflektierte Licht mit dem Karton – was passiert?

WAS IST PASSIERT?

Auf dem Karton steht ein Regenbogen. Das kommt daher, weil das weiße Licht, das der Spiegel reflektiert, vom Wasser gebrochen wird. Die Farben aus denen es besteht, strahlen in unterschiedliche Richtungen.

JENSEITS DES SICHTBAREN SPEKTRUMS

Das Licht, das wir sehen, stellt nur einen geringen Teil des **ELEKTOMAGNETISCHEN SPEKTRUMS**, also aller Frequenzen der elektromagnetischen Wellen. Man nennt es das **SICHTBARE SPEKTRUM**.

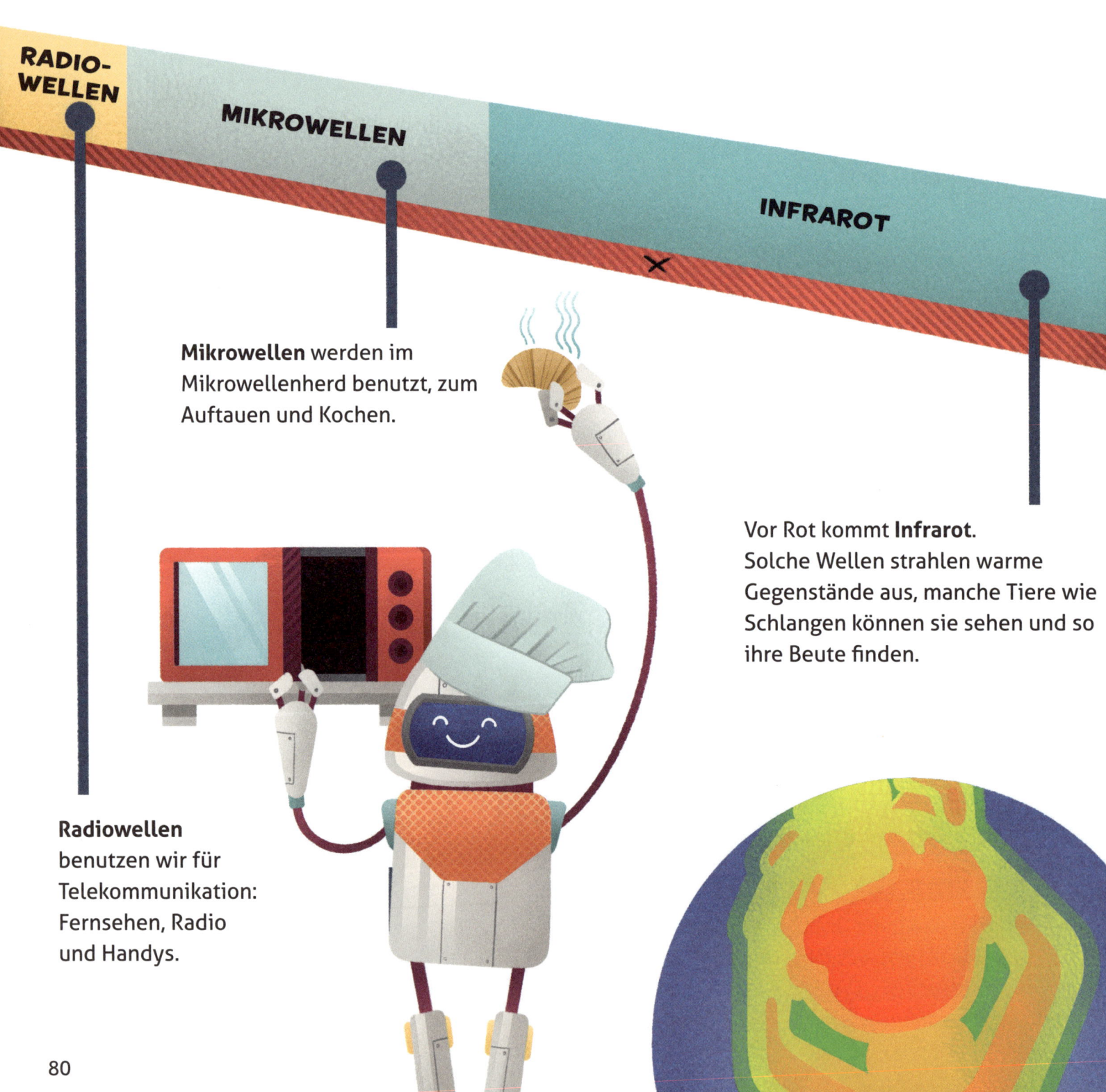

RADIO-WELLEN

MIKROWELLEN

INFRAROT

Mikrowellen werden im Mikrowellenherd benutzt, zum Auftauen und Kochen.

Vor Rot kommt **Infrarot**. Solche Wellen strahlen warme Gegenstände aus, manche Tiere wie Schlangen können sie sehen und so ihre Beute finden.

Radiowellen benutzen wir für Telekommunikation: Fernsehen, Radio und Handys.

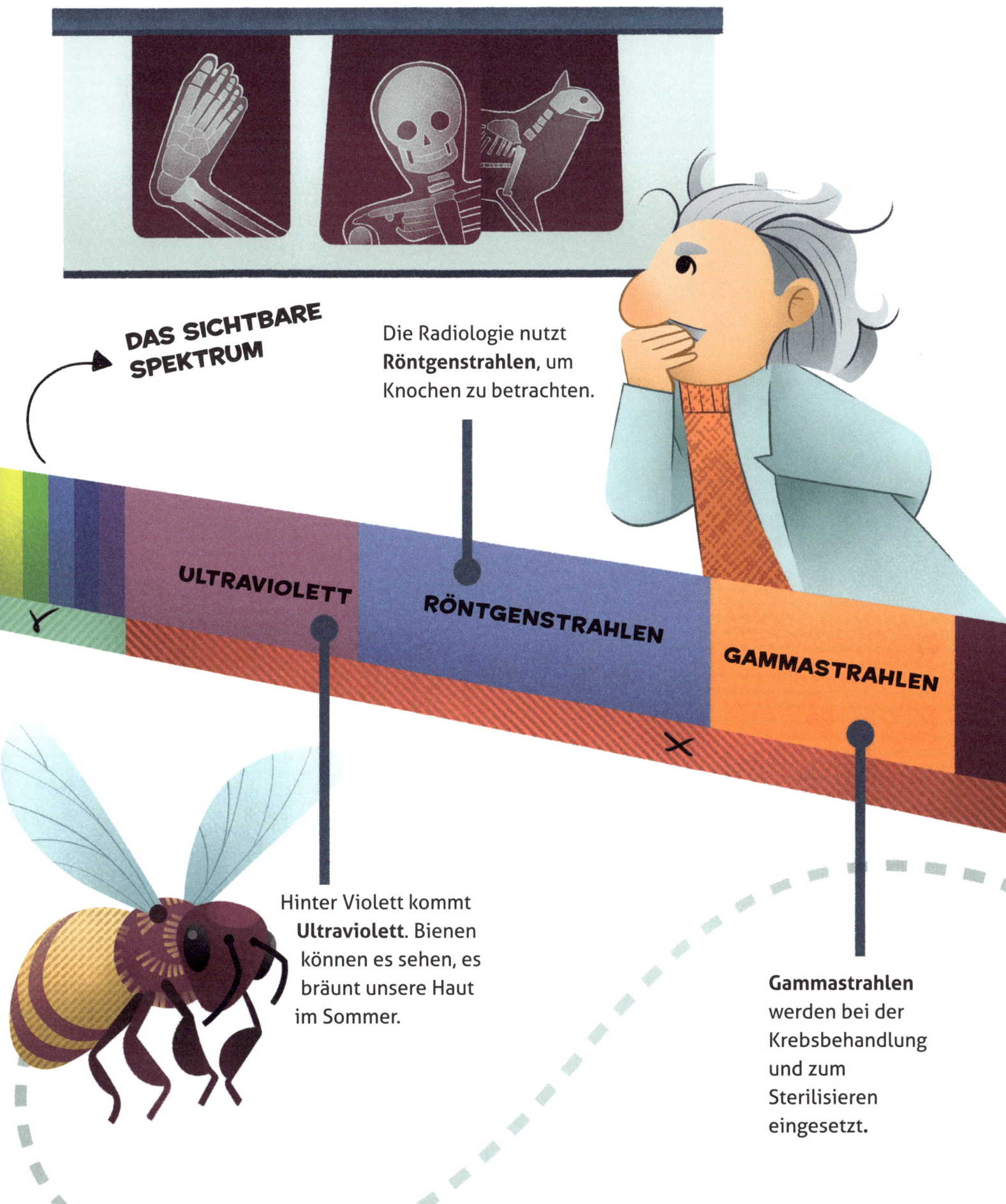

DAS SICHTBARE SPEKTRUM

Die Radiologie nutzt **Röntgenstrahlen**, um Knochen zu betrachten.

ULTRAVIOLETT

RÖNTGENSTRAHLEN

GAMMASTRAHLEN

Hinter Violett kommt **Ultraviolett**. Bienen können es sehen, es bräunt unsere Haut im Sommer.

Gammastrahlen werden bei der Krebsbehandlung und zum Sterilisieren eingesetzt.

SPEKTROSKOP

DU BRAUCHST

- _eine Kartonröhre_
- _eine CD_
- _Klebeband_
- _Alufolie_
- _ein Küchenmesser_
- _Schere_
- _ein Stift_

Lass uns ein Gerät basteln, welches dir erlaubt die verschiedenen Farben des Lichts durch ein Phänomen namens Diffraktion zu sehen: ein Spektroskop.

UND SO GEHT ES

1 Mache einen Schlitz im 45°-Winkel in die Röhre – wie hier gezeigt.

2 Mit dem Küchenmesser schneidest du dem Schlitz gegenüber ein kleines, rechteckiges Fenster.

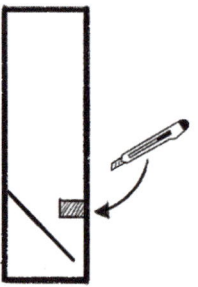

3 Decke die Röhre oben mit Alufolie ab.

4 Mit dem Küchenmesser machst du einen kleinen Schlitz mitten in die Alufolie.

5 Gib die CD in den 45°-Schlitz.

6 Richte den Schlitz des Spektroskops gegen den Himmel (nicht gegen die Sonne) und schau durch das Fenster.

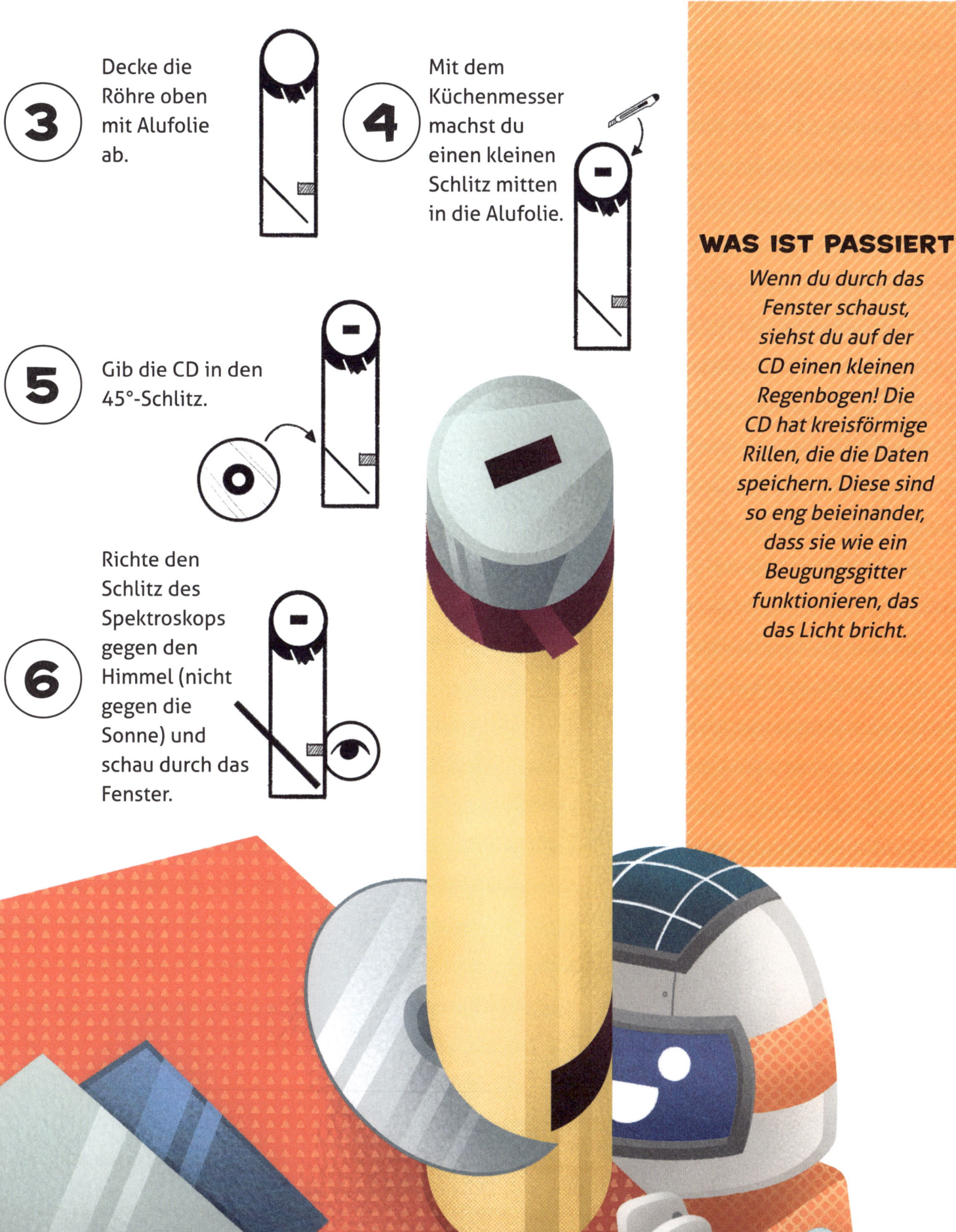

WAS IST PASSIERT?

Wenn du durch das Fenster schaust, siehst du auf der CD einen kleinen Regenbogen! Die CD hat kreisförmige Rillen, die die Daten speichern. Diese sind so eng beieinander, dass sie wie ein Beugungsgitter funktionieren, das das Licht bricht.

HEISSE SCHACHTELN

UND SO GEHT ES

DU BRAUCHST

- 2 gleich große Kartonschachteln mit Deckel
- Plastikfolie
- Klebeband
- ein Küchenthermometer
- schwarze und weiße Plakatfarbe
- ein Pinsel
- Schere
- eine Stopp-Uhr

1 Schneide in beide Deckel ein Fenster. Lass überall einen 2 cm breiten Rand stehen.

2 Male das Innere der Schachteln und der Deckel an: eine Schachtel schwarz, die andere weiß. Lass beide trocknen.

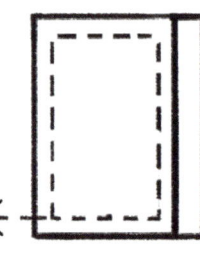

3 Lege die Plastikfolie auf die Fenster und klebe die Ränder mit dem Band fest.

4 Stell die weiße Schachtel an einen Ort, an dem die Sonne hineinscheint.

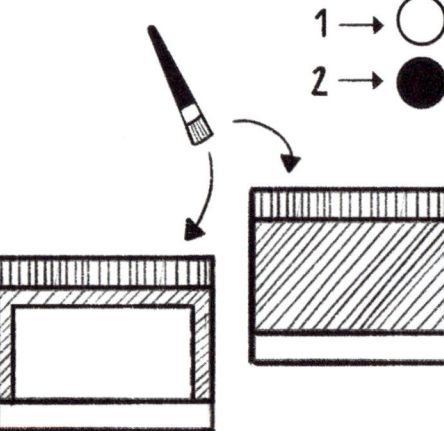

5 Mit dem spitzen Ende des Thermometers stichst du durch die Schachtel.

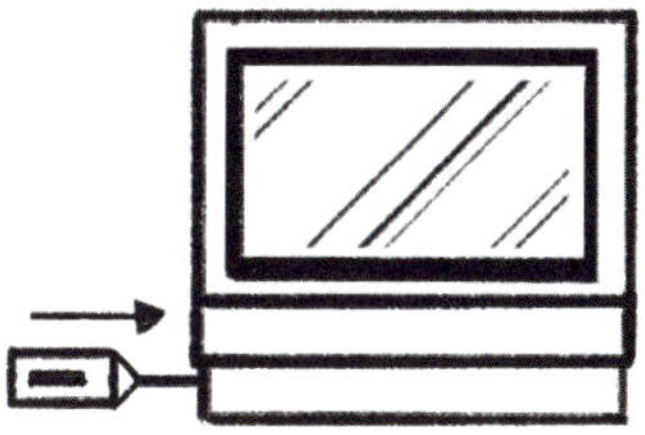

6 Schreibe alle 30 Sekunden die Temperatur auf (10-mal).

7 Wiederhole die Schritte 4, 5 und 6 mit der schwarzen Schachtel. Schreibe auch hier die Temperaturen auf.

WAS IST PASSIERT?

Zunächst haben beide Schachteln eine vergleichbare Temperatur, aber im Laufe der Zeit wird es in der schwarzen Schachtel heißer als in der weißen. Schwarz nimmt das Licht auf und wandelt es in Wärme um, weiß hingegen reflektiert das Licht. Deswegen sollte man im Sommer lieber weiße als schwarze Sachen tragen!

UUH, HEISS!

INFRAROT

Um über das **SICHTBARE SPEKTRUM** hinauszublicken, brauchen Menschen besondere Instrumente.

INFRAROT

Bestimmte Fotoapparate, sogenannte **Wärmekameras**, erkennen infrarote Energie, man kann mit ihnen im **Dunkeln** sehen. Die Feuerwehr nutzt sie, um im **Rauch** sehen zu können.

Astronomen verwenden besondere **Teleskope**, die den Nachthimmel in Infrarot- und Ultraviolettlicht betrachten können.

Infrarotlicht setzen **Fernbedienungen** ein, um **Fernseher** oder **Garagentore** zu steuern.

INFRAROT UND EIN HANDY

DU BRAUCHST

- *ein Handy*
- *eine Fernbedienung mit LED-Licht*

UND SO GEHT ES

1 Geh in einen düsteres oder dunkles Zimmer und schalte das Handy an.

2 Richte das LED-Licht der Fernbedienung auf das Handy.

3 Drücke einen Knopf auf der Fernbedienung und schau, was passiert.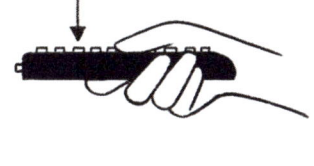

WAS IST PASSIERT?

Einige Digitalkameras haben Filter, die Infrarotlicht blockieren, die meisten aber nehmen es wahr. Drückst du einen Knopf auf der Fernbedienung, zeigt die Kamera das aufleuchtende LED-Licht – es wird auf dem Touchscreen sichtbar.

DER HIMMEL IN DEINEM RAUM

PHOSPHORESZENZ nennt man das Phänomen, dass manche Gegenstände auch dann noch Licht abstrahlen, wenn sie nicht mehr beschienen werden.

Wir kennen alle die Leuchtsterne, die das Raumlicht aufnehmen und noch minutenlang nachleuchten.

Generell sind alle Produkte, die mit dem Hinweis „leuchtet im Dunkeln" versehen sind, phosphoreszierend.

STERNZEICHEN INNEN

DU BRAUCHST

- mehrere phosphoreszierende Sterne
- eine Sternkarte
- eine Taschenlampe
- eine ultraviolette Taschenlampe.

UND SO GEHT ES

SCHWIERIGKEIT:

DRECKFAKTOR:

ZEIT: 20 Minuten

MACHE ES MIT:

1 Öffne die Sternkarte und suche ein Sternbild aus.

2 Nimm so viele Sterne, wie das Bild hat.

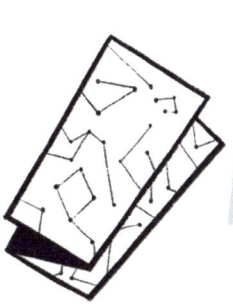

3 Klebe sie auf Decke oder Wand, lass dir von Erwachsenen helfen.

4 Schalte das Licht aus und richte die Taschenlampe 10 Sekunden lang auf die Sterne. Achte darauf, wie lange sie nachleuchten.

5 Nun richte die ultraviolette Taschenlampe 10 Sekunden lang auf die Sterne. Achte darauf, wie lange sie nachleuchten.

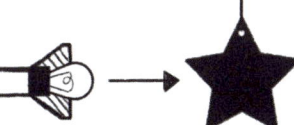

WAS IST PASSIERT?

Die Sterne absorbieren künstliches und ultraviolettes Licht unterschiedlich. Deshalb strahlen sie es auch unterschiedlich lange zurück.

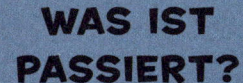

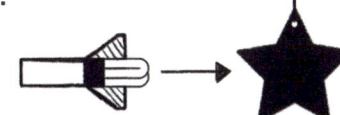

FLUORESZENZ!

FLUORESZENZ ist die Eigenschaft, die manche Substanzen haben wenn sie Licht abstrahlen, wenn sie also sichtbarer Strahlung wie ultraviolettem Licht ausgesetzt sind.

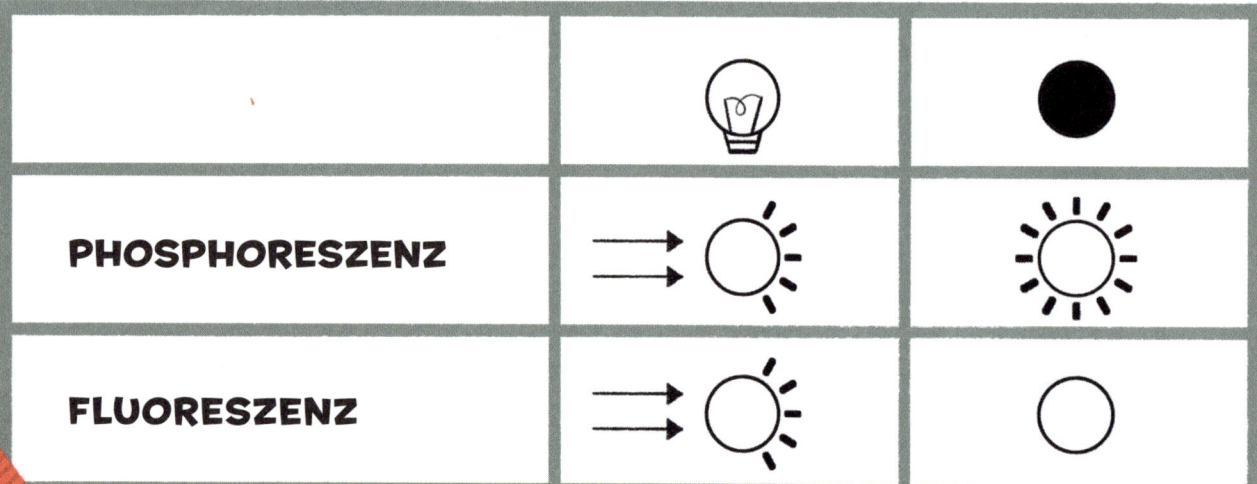

PHOSPHORESZENZ und FLUORESZENZ gründen beide auf der Eigenschaft der Materialien, Energie zu absorbieren und dann als sichtbares Licht abzustrahlen.

Der Unterschied liegt in der Länge der Zeit, in der die Materialien leuchten. Die PHOSPHORESZENZ dauert länger und dauert an, wenn das Licht verschwunden ist, die FLUORESZENZ wirkt unmittelbar und hört auf, sobald die Lichtquelle verschwunden ist.

TEXTMARKER

UND SO GEHT ES

DU BRAUCHST

- *Karton*
- *ein Textmarker*
- *eine ultraviolette Taschenlampe*

1 Zeichne mit dem Textmarker irgendetwas auf den Karton.

2 Schalte das Licht aus.

3 3. Schalte die ultraviolette Taschenlampe an und leuchte auf den Karton. Was siehst du?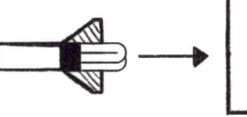

WAS IST PASSIERT?

Die ultravioletten Strahlen der Taschenlampe regen die fluoreszierende Flüssigkeit im Textmarker an, diese strahlt die Energie als sichtbares Licht zurück.

Optische Täuschungen

OPTISCHE TÄUSCHUNGEN

Eine OPTISCHE TÄUSCHUNG entsteht, wenn uns unser SEHSINN trügt. Wir sehen etwas, was gar nicht da ist, oder das in Wirklichkeit ganz anders aussieht.

Wissenschaftler ordnen Täuschungen nach den Mechanismen, die sie erzeugen. Sie kennen drei Arten: **OPTISCHE, WAHRNEHMUNGS-** und **KOGNITIVE TÄUSCHUNGEN**

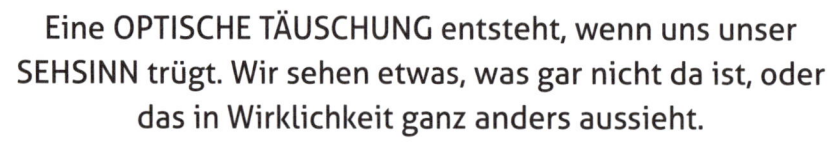

OPTISCH

Sie werden durch die Eigenschaften des Lichts erzeugt und sind unabhängig von einem wahrnehmenden Geist, z.B. eine Fata Morgana in der Wüste.

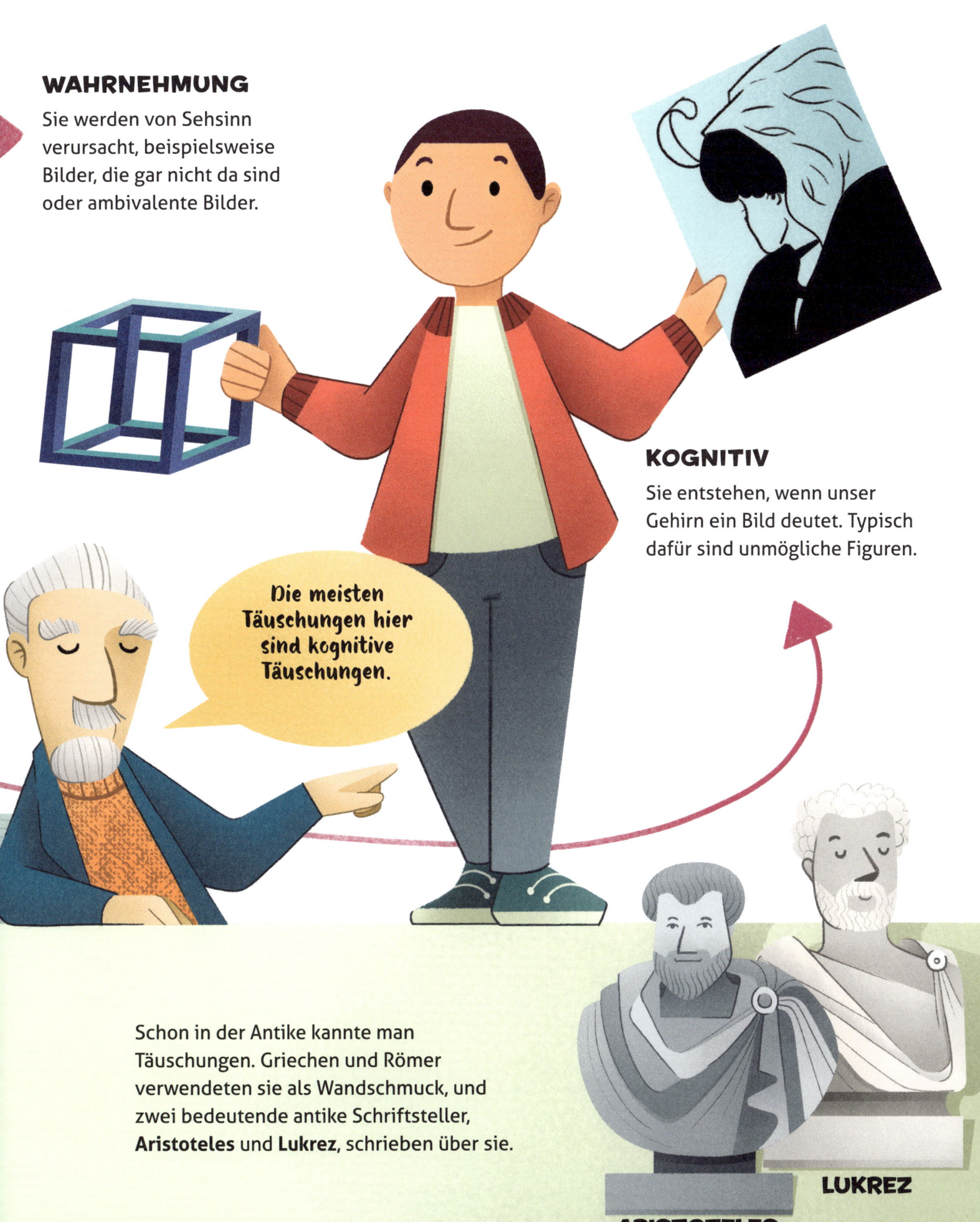

WAHRNEHMUNG

Sie werden von Sehsinn verursacht, beispielsweise Bilder, die gar nicht da sind oder ambivalente Bilder.

KOGNITIV

Sie entstehen, wenn unser Gehirn ein Bild deutet. Typisch dafür sind unmögliche Figuren.

Die meisten Täuschungen hier sind kognitive Täuschungen.

Schon in der Antike kannte man Täuschungen. Griechen und Römer verwendeten sie als Wandschmuck, und zwei bedeutende antike Schriftsteller, **Aristoteles** und **Lukrez**, schrieben über sie.

LUKREZ

ARISTOTELES

ESCHERS ZIMMER

Unmögliche Objekte gibt es nur auf dem Papier, eben weil sie unmöglich sind! Der Künstler **MAURITS CORNELIS ESCHER** erfand gern solche unmöglichen Objekte.

ESCHER liebte OPTISCHE TÄUSCHUNGEN und schuf ein wahrlich unmögliches Universum. Seine Bilder verwirren nicht nur das Gehirn, sie beruhen zudem auf mathematischen und geometrischen Formeln.

SCHAU GENAU HIN!
WIE VIELE
UNMÖGLICHE
OBJEKTE FINDEST
DU IM ZIMMER?

UNMÖGLICHE OBJEKTE (LÖSUNGEN)

Teile sind hier zur gleichen Zeit vor- und hintereinander.
(FENSTER)

Ein Stuhl, auf dem man in beiden Richtungen sitzen kann.
(STUHL)

Die Oberseite von oben, die Unterseite von unten betrachtet. **(LAMPE)**

Zwei Beine unten, eine Nische oben **(TISCH)**

TESTE DEN TEXT

LIES DIE TEXTE IN DEN KÄSTEN SEHR SCHNELL

D1353R T3XT Z3GT D1R, W13 TOLL UN53R G3H1RN 4RB31T3T. WUND3RB4R. 4M 4NF4NG W4R 35 NOCH 5CHW3R, 4B3R J3TZT FÄLLT 35 D1R 5CHON L31CHT! DU L135T 4UTOM4T15CH, OHN3 GRO55 N4CHZUD3NK3N. 531 5TOLZ!

NCAH ENIEM PORFESOSR VON DER UINERVTISTÄ CMABRIGDE KMOMT ES AUF DIE RIEHNEFLOGE DER BCHUSTBAEN IM WROT NCHIT AN. NUR DER ESTRE UND DER LETTZE BCHUSTBAE MSUS AM RCHITEGN PALTZ SEIN.

NUN LIES ES LANGSAM.

Nachdem du den den Satz gelesen hast, merkst du erst, dass dir dein Gehirn den den Satz diktierte, ohne zu sagen dass es das doppelte „den" weggelassen hat.

Unser Gehirn muss eine unfassbare Menge an Informationen verarbeiten. Es trainiert daher, wie es am schnellsten lernt, damit es nicht überlastet wird. Es erfasst das Wesentliche und vervollständigt allgemeine Informationen automatisch.

OPTISCHE KUNST

Ist das nicht erstaunlich? Man nennt diese Bilder **OPTISCHE KUNST**. Diese Kunstform entstand in den 1960er Jahren in den USA.

Die optische Kunst täuscht unser Gehirn mit seinem eigenen Kontrollmechanismus und erzeugt so ein Gefühl der Bewegung in einem stillstehenden Bild.

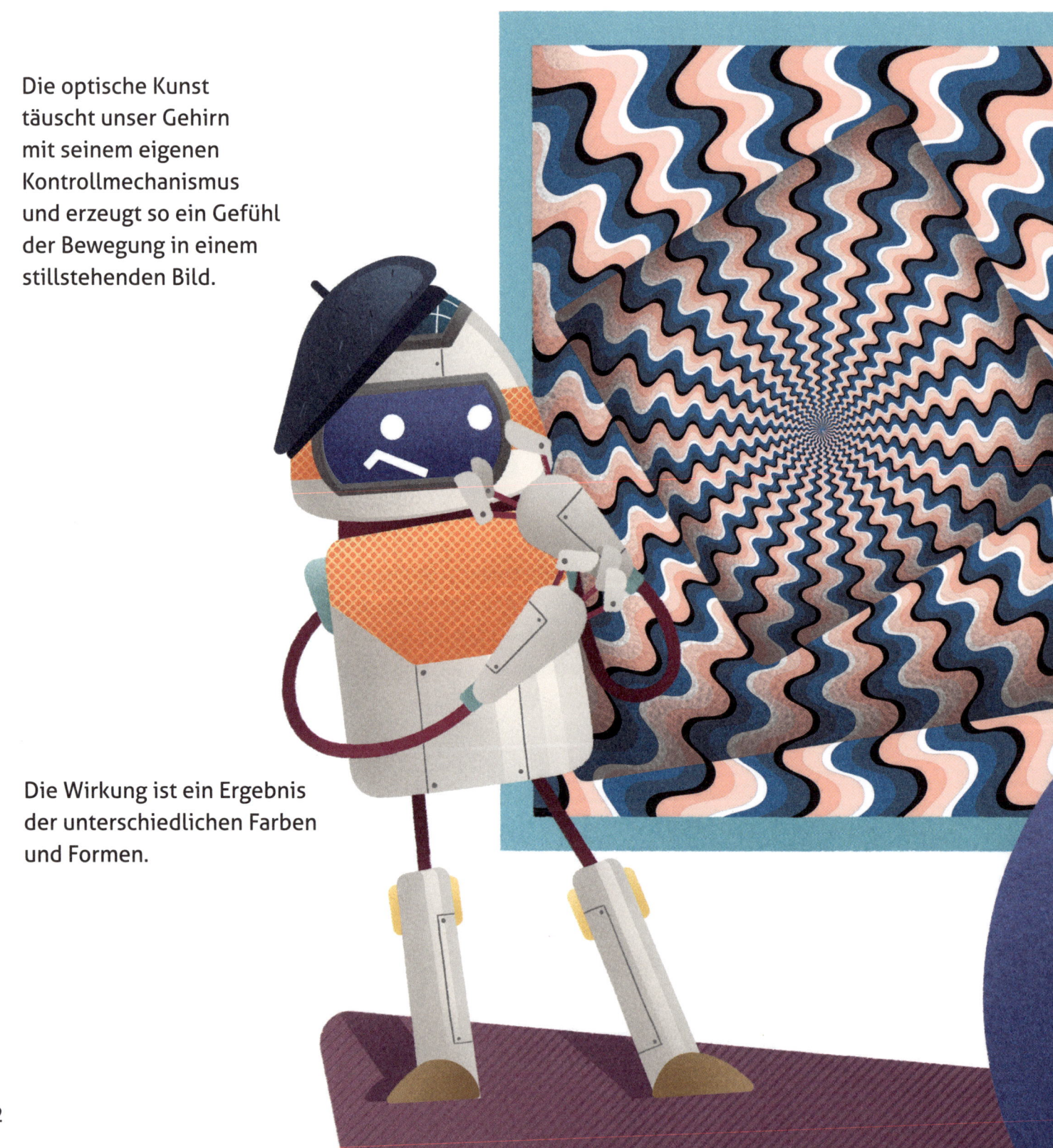

Die Wirkung ist ein Ergebnis der unterschiedlichen Farben und Formen.

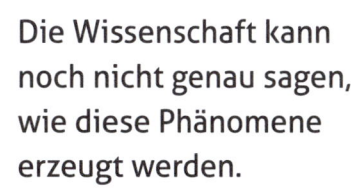

WISSENSCHAFT UND KUNST

Einige der Künstler, die diese Bilder anfertigen, sind begabte Forscher und Neurowissenschaftler. Man muss nämlich das VISUELLE SYSTEM begreifen, um Augen und Sinne zu verwirren und die Täuschung von Bewegung zu erzeugen.

Die Wissenschaft kann noch nicht genau sagen, wie diese Phänomene erzeugt werden.

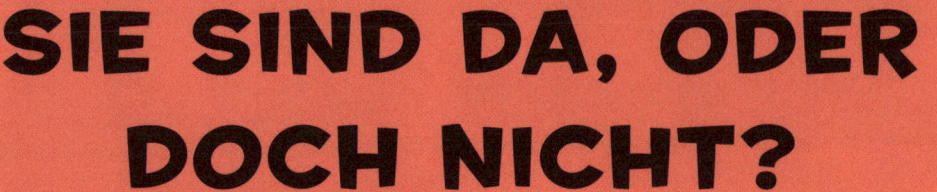

SIE SIND DA, ODER DOCH NICHT?

Hier seht ihr das Hermann-Gitter, benannt nach **LUDIMAR HERMANN,** der diese Täuschung 1870 entdeckte. Betrachtest du das gesamte Gitter, siehst du graue Punkte an den Ecken, wo sich die weißen Streifen treffen. Aber die gibt es nicht wirklich.

Der Unterschied zwischen beiden Täuschungen liegt darin, dass die zweite weiße Punkte an den Ecken hat, es aber beim Hermann-Gitter an den Ecken keine Punkte gibt.

1994 erfanden Bernd Lingelbach und Michael Schrauf das „Funkelgitter". Wenn du es betrachtest, dann erscheinen über den weißen Punkten schwarze Punkte und verschwinden wieder. Die schwarzen Punkte sind nicht echt.

Man denkt, dass diese OPTISCHEN TÄUSCHUNGEN durch die unterschiedliche Lichtintensität der unterschiedlichen Bereiche des Gitters verursacht werden und dadurch, wie unsere Augen manche Signale an das Gehirn weitermelden und andere blockieren. Das Gehirn kann so die Ränder von Gegenständen besser erkennen und auch zwischen hellen und dunklen Bildern unterscheiden.

DAS KANIZSA-DREIECK

Diese Täuschung wurde 1955 von dem italienischen Psychologen **GAETANO KANIZSA** zum ersten Mal beschrieben.

Im Bild siehst du zwei aufeinanderliegende, gleichseitige weiße Dreiecke, aber das obere Dreieck wurde nicht mit Linien gezeichnet. Das weiße Dreieck ohne Umriss wirkt zudem heller als das andere.

DAS KANIZSA-DREIECK

IDESAWAS STACHELKUGEL

Andere Beispiele sind Idesawas Stachelkugel und die Ehrenstein-Täuschung.

DIE EHRENSTEIN-TÄUSCHUNG

UND SO GEHT ES

DU BRAUCHST

- _ein Lineal_
- _ein Zirkel_
- _ein Stift_
- _ein schwarzer Filzstift_

1

Beginne mit dem Kanizsa-Dreieck und male diese Täuschung auf.

2 Nun versuche es mit einem Quadrat.

3 Male 4 schwarze Kreise, bei denen ein Viertel fehlt, lass diese Viertel auf 90° liegen. Dann erscheint ein weißes Quadrat in der Mitte.

4 Nun probiere die anderen Täuschungen von der Seite gegenüber.

WAS IST PASSIERT?

Wenn du genau gearbeitet hast, wird als KOGNITIVE TÄUSCHUNG ein weißes Quadrat auf deinem Papier erscheinen.

WÖRTER,
DIE NICHT DA SIND

Welches Wort kannst du hier lesen?

MAUS *

* MAUS

Ich sehe überhaupt nich...

Du schaust auf Worte, die nicht da stehen.

Sie werden durch Schatten von imaginären weißen Buchstaben erzeugt.

108

UND SO GEHT ES

DU BRAUCHST

- *ein Stift*
- *zwei Blatt Papier*

1 Auf das erste Blatt schreibst du das Wort ILLUSION.

2 Nun lege das zweite Blatt Papier darauf.

3 Halte beide Blätter gegen das Fenster und pause sorgfältig die Umrisse durch – tu so, als wären sie dreidimensional.

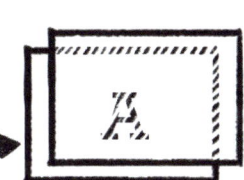

4 Zeichne den imaginären Schatten, als käme Licht von links.

5 Nun zeige jemand das Blatt, auf dem nur die Schatten sind.

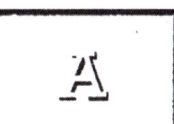

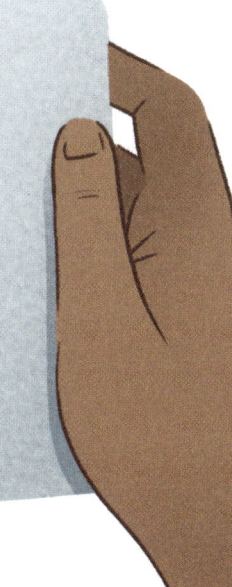

WAS IST PASSIERT?

Du hast die Wirkung nachgestellt! Das Wort ist gar nicht da, und doch kann jeder es durch einen Blick auf die Schatten lesen.

AMBIGRAMME!

AMBIGRAMME wurden zum ersten Mal im 19. Jahrhundert entworfen. Aber erst 1980 wurden sie benannt, nämlich von **Scott Kim** als „Inversionen".

Scott Kim

Inversions

AMBIGRAMME oder Inversionen sind kalligraphische Entwürfe, die als zwei oder noch mehr Wörter gelesen werden können. Sie können gedreht werden, sie lassen sich auch lesen, wenn sie auf dem Kopf stehen.

Das Wort AMBIGRAMM schuf der Philosoph **DOUGLAS HOFSTADTER** 1986 in seinem Buch Ambigrams: *An Ideal Microworld for the Study of Creativity.*

Ein berühmtes Ambigramm hat **Dan Brown** für sein Buch *Illuminati* erfunden. Die englischen Beispiele hier lauten Bar und Pub und TRUE und FALSE (wahr und falsch).

AMBIVALENTE BILDER

Diese Bilder kann man **unterschiedlich deuten**, denn sie zeigen **zwei verschiedene** Figuren. Du kannst beide Figuren sofort sehen oder erst, wenn dir jemand die Lösung gezeigt hat.

Ist das oben ein Mann, der Saxophon spielt? Oder das Gesicht einer Frau? Auf dem Bild links hast du ein Balkongeländer – möchtest du lieber das weiße oder das schwarze?

ZEICHNE EIN AMBIVALENTES BILD

RAUCHST

ein Stift
2 Din-A-4-Blätter
Schere
ein schwarzer
Filzstift

SCHWIERIGKEIT:

DRECKFAKTOR:

ZEIT: 10 Minuten

MACHE ES MIT:

UND SO GEHT ES

1 Betrachte die Vase links oben genau. Merkst du, dass man sie auch als zwei Gesichter sehen kann?

2 Falte ein Blatt Papier in der Mitte, so, dass du oben drauf zeichnen kannst.

3 Nun zeichnest du die Umrisse einer halben Vase, aber so, dass es wie ein Gesicht aussieht.

4  Schneide den Umriss der Vase aus, und zwar durch beide Hälften des gefalteten Papiers.

5 Jetzt malst du die Vase mit dem schwarzen Filzstift auf das zweite Blatt Papier.

WAS IST PASSIERT?

*Wir haben ein ambivalentes Bild gemalt, das auf **Rubins Vase** beruht: Je nach Blick ist es entweder eine Vase oder zwei Gesichter. Das Gehirn erkennt zunächst das erste, dann das zweite. Wir können aber nie gleichzeitig die Vase und die Gesichter sehen.*

PAREIDOLIE

PAREIDOLIE ist die Neigung unseres Geistes, in eigentlich zufälligen Umrissen etwas Bekanntes zu erkennen. Wie oft schon hast du in einer Wolke ein Gesicht oder ein Tier gesehen?

EIN MARSMENSCH!

DAS MARSGESICHT

Eines der berühmtesten Beispiele für PAREIDOLIE ist das „Gesicht" auf dem Mars. Die Marssonde Viking 1 fotografierte dort einen Felsenberg, der wie ein Gesicht aussah, wenn ihn das Licht in einem bestimmten Winkel beleuchtete.

PAREIDOLIE MIT GEMÜSE

Im 16. Jahrhundert malte der Künstler **GIUSEPPE ARCIMBOLDO** bizarre pareidolische Porträts. Hier erkennen wir beim ersten Blick ein menschliches Gesicht, aber es besteht aus Obst und Gemüse, Blumen und anderen Sachen.

AUF DEN KONTEXT KOMMT ES AN

Der schwarze Kreis auf dem Bild rechts wirkt größer als der auf dem Bild links, obwohl beide gleich groß sind. Diese Täuschung kommt daher, weil das Gehirn die Dinge nach dem Kontext bewertet.

Weil der Kreis rechts von kleineren Kreisen umgeben ist, glaubt das Gehirn, er sei größer als der Kreis, der von größeren Kreisen umgeben ist. Man spricht von der **Ebbinghaus-Illusion**!

Messe Linie 1 und 2 mit dem Lineal. Sind sie gleich lang?

Hättest du gedacht, dass beide blaue Striche gleich lang sind?

UND SO GEHT ES

1 Zeichne zwei Kreise mit jeweils 6 cm Durchmesser auf den Karton.

2 Schneide beide Kreise aus.

3 Zeichne sechs 20-cm-Kreise und acht 2,5-cm-Kreise auf den anderen Karton.

4 Schneide alle Kreise aus.

5 Ordne die Kreise so an wie bei der Ebbinghaus-Illusion auf der Seite vorher.
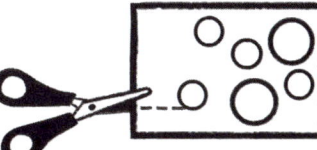

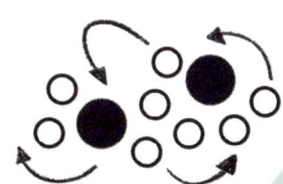

WAS IST PASSIERT?

Wenn du die Illusion auf den Tisch gelegt hast, glaubst du nicht mehr, dass beide Kreise gleich groß sind – und doch hast du sie gebastelt!

DIE CAFÉ-WALL-ILLUSION

Diese Täuschung fand **RICHARD GREGORY** in den 1970er Jahren in einer Bar. Die Linien wirken schief, obwohl sie gerade sind.

Die Linien, die die weißen Quadrate abtrennen, wirken schief, weil das Gehirn sie nicht so einfach als parallel wahrnehmen kann. Das bewirkt der starke Kontrast zwischen schwarz und weiß sowie die Tatsache, dass die Quadrate nicht genau untereinander liegen.

Die schwarzen und weißen Fliesen, die Richard Gregory in dem Café betrachtete, waren versetzt gelegt worden und nicht als perfektes Schachbrett. Deshalb sahen die Fugen nicht so aus, als wären sie parallel zueinander.

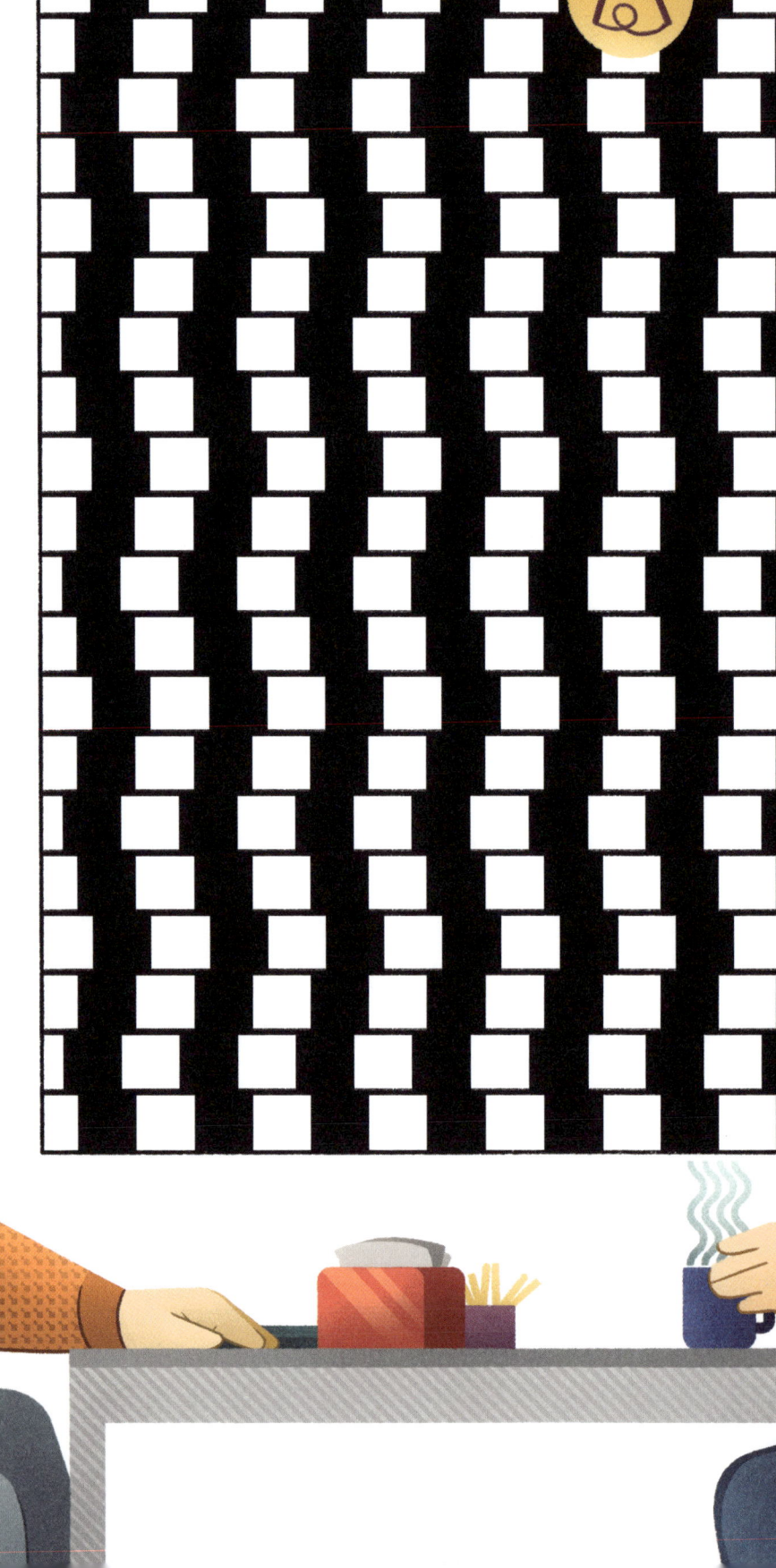

UND SO GEHT ES

1

Zeichne im Abstand von 5,5 cm 5 Linien.

2 Nun folgen 7 Spalten (Abstand 5,5 cm).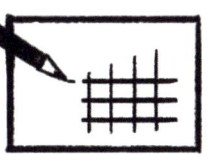

3 Jedes zweite Quadrat wird schwarz wie beim Schachbrett.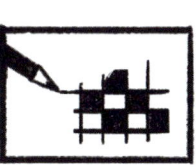

4 Schneide die Reihen aus.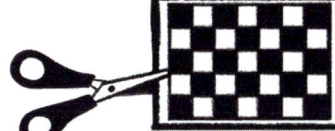

5 Schiebe jede zweite Reihe leicht nach rechts.

WAS IST PASSIERT?

Du merkst, dass sich die Trennlinien einander zuneigen, obwohl sie nach wie vor parallel sind. Schiebst du alles wieder zurück, wirken sie wieder parallel.

EIN DREISEITIGER WÜRFEL

Ein Würfel ist eine dreidimensionale Form mit sechs Seiten, aber ein gezeichneter Würfel hat immer nur drei.

SCHWIERIGKEIT:

DRECKFAKTOR:

ZEIT: *15 Minuten*

MACHE ES MIT:

DU BRAUCHST

- *ein weißes Blatt Karton*
- *ein Lineal*
- *ein Stift*
- *Schere*
- *Klebeband*

Betrachtest du die Zeichnung eines Würfels, dann bildet dein Gehirn das dreidimensionale Objekt nach und stellt sich die Teile vor, die fehlen.

Wir können das Gehirn irreführen, indem wir ihm ein konkaves Objekt zeigen, das es als konvexen Würfel wahrnimmt.

UND SO GEHT ES

1 Zeichne auf den Karton – wie gezeigt – drei Quadrate mit 10 cm langen Seiten.

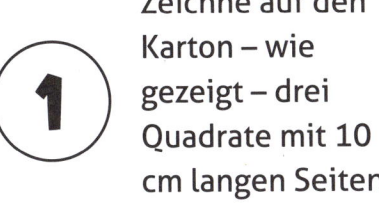 

2 Schneide die Figur als großes L aus.

KONVEXER WINKEL

KONKAVER WINKEL

3 Zeichne einen Punkt mitten auf das erste Quadrat, zwei Punkte auf das zweite und drei Punkte diagonal auf das dritte.

4 Falte entlang der Linien. Die Punkte sind innen.

WAS IST PASSIERT?

Wir glauben, einen normalen konvexen Würfel zu sehen, aber es sieht so aus, als bewege er sich in die andere Richtung.

5 Nun klebe die Rückseiten mit dem Band zusammen.

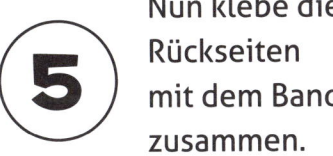

6 Bewege das Objekt und betrachte es mit nur einem Auge.

 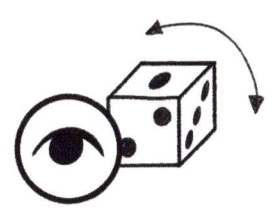

DAS PENROSE-DREIECK

ZWEIMAL GEFUNDEN!

Diese Täuschung entdeckte als Erster der schwedische Grafiker **Oscar Reutersvärd**. Es wird erzählt, dass er sie während einer Lateinstunde fand, als er mit 18 Jahren herumkritzelte.

Dieselbe Täuschung wurde später unabhängig von **LIONEL SHARPLES PENROSE** und seinem Sohn **ROGER PENROSE** entdeckt, beides berühmte Wissenschaftler und Philosophen.

OSCAR REUTERSVÄRD

Das **Penrose-Dreieck** ist ein unmöglicher Gegenstand. Es wirkt nur jeweils aus einem Blickwinkel echt.

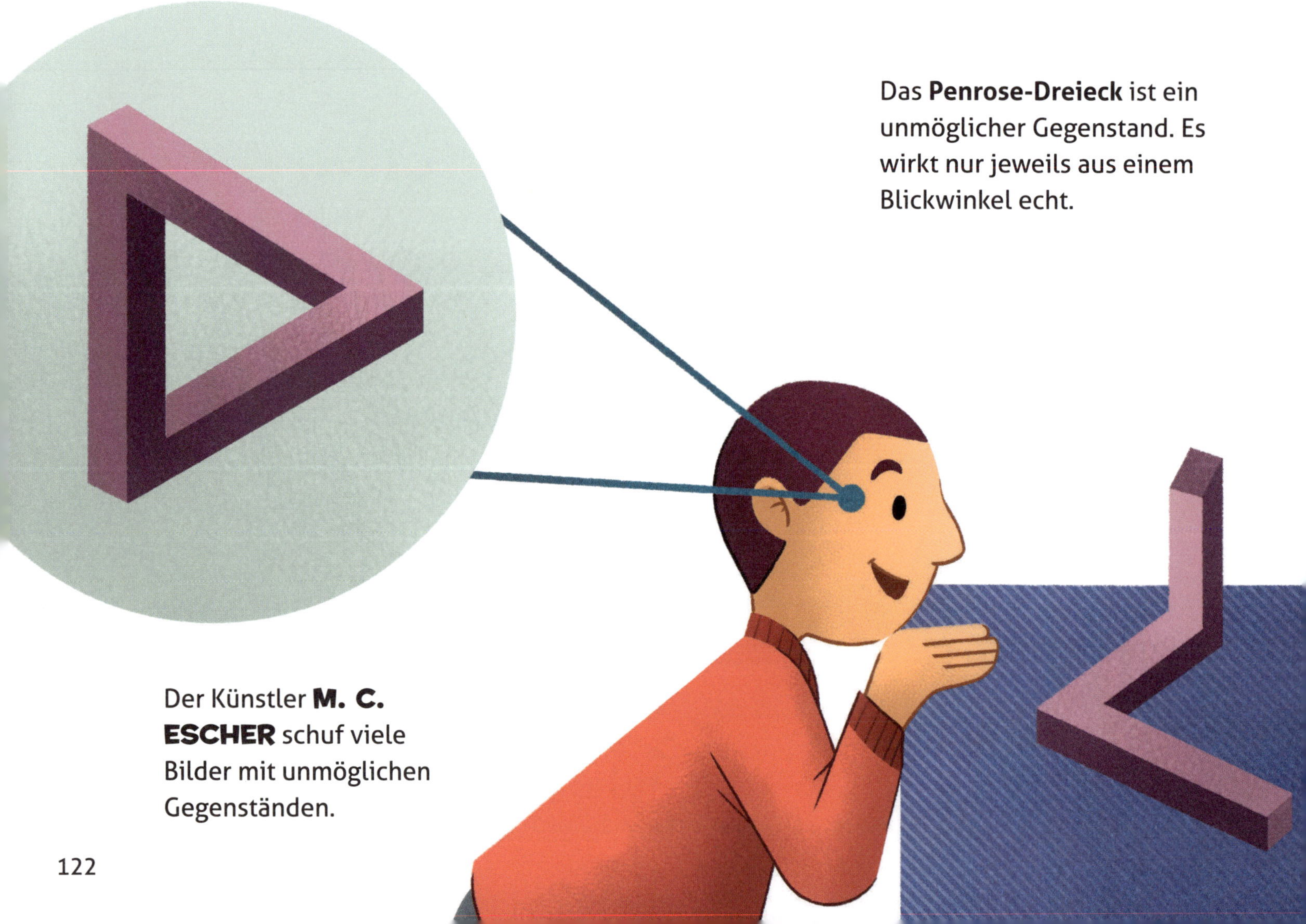

Der Künstler **M. C. ESCHER** schuf viele Bilder mit unmöglichen Gegenständen.

UND SO GEHT ES

1

Knicke den Draht in U-Form. Jeder Teil ist 10 cm lang, die Winkel betragen 90°.

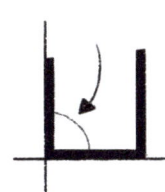

2 Nun knickst du den linken Draht 90° nach hinten.

3 Nun nimmst du den Mittelteil in deine rechte Hand.

4 Schließe die Augen und betrachte das Objekt

5 Nun neigst du den Mittelteil 45° nach links, bis sich die Enden verbinden und du ein Dreieck siehst.

WAS IST PASSIERT?

Das Dreieck kann nur aus einem Blickwinkel gesehen werden. Im dreidimensionalen Raum kann es den Gegenstand nicht geben. Es ist eine Täuschung, wenn wir ihn sehen.

FREIHANDLINIEN

DU BRAUCHST

* *ein Stift*
* *ein Radiergummi*
* *Farbmarker*
* *ein Blatt Papier*

Du kannst die Täuschung dreidimensionaler Dicke erzeugen, wenn du einfach nur Linien auf ein Blatt Papier malst.

UND SO GEHT ES

1 Lege deine Hand mitten auf das Blatt

2 Zeichne deine Hand mit dem Stift nach.

ACHTUNG!

Arbeite genau, wenn du die Linien am Umriss der Hand mit den gebogenen Linien verbindest. Je mehr Linien, desto besser das Ergebnis.

3 Nimm die Hand vom Papier.

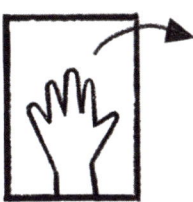

4 Mit dem Bleistift malst du parallele Linien auf das Papier. Sie sind gerade, bis du den Handumriss erreichst. Ab dann führst du sie in einem Bogen nach oben, bis sie an der anderen Seite ankommen. Da malst du sie wieder gerade.

5 Radiere die Bleistiftlinien weg.

WAS IST PASSIERT?

Das fertige Bild deiner Hand wirkt dreidimensional.

6 Die Zwischenräume malst du nun bunt aus.

PHENAKI ... WAS?

Das **Phenakistiskop** macht es möglich, dass eine Reihe gezeichneter Bilder als **Zeichentrickfilm** erscheinen.

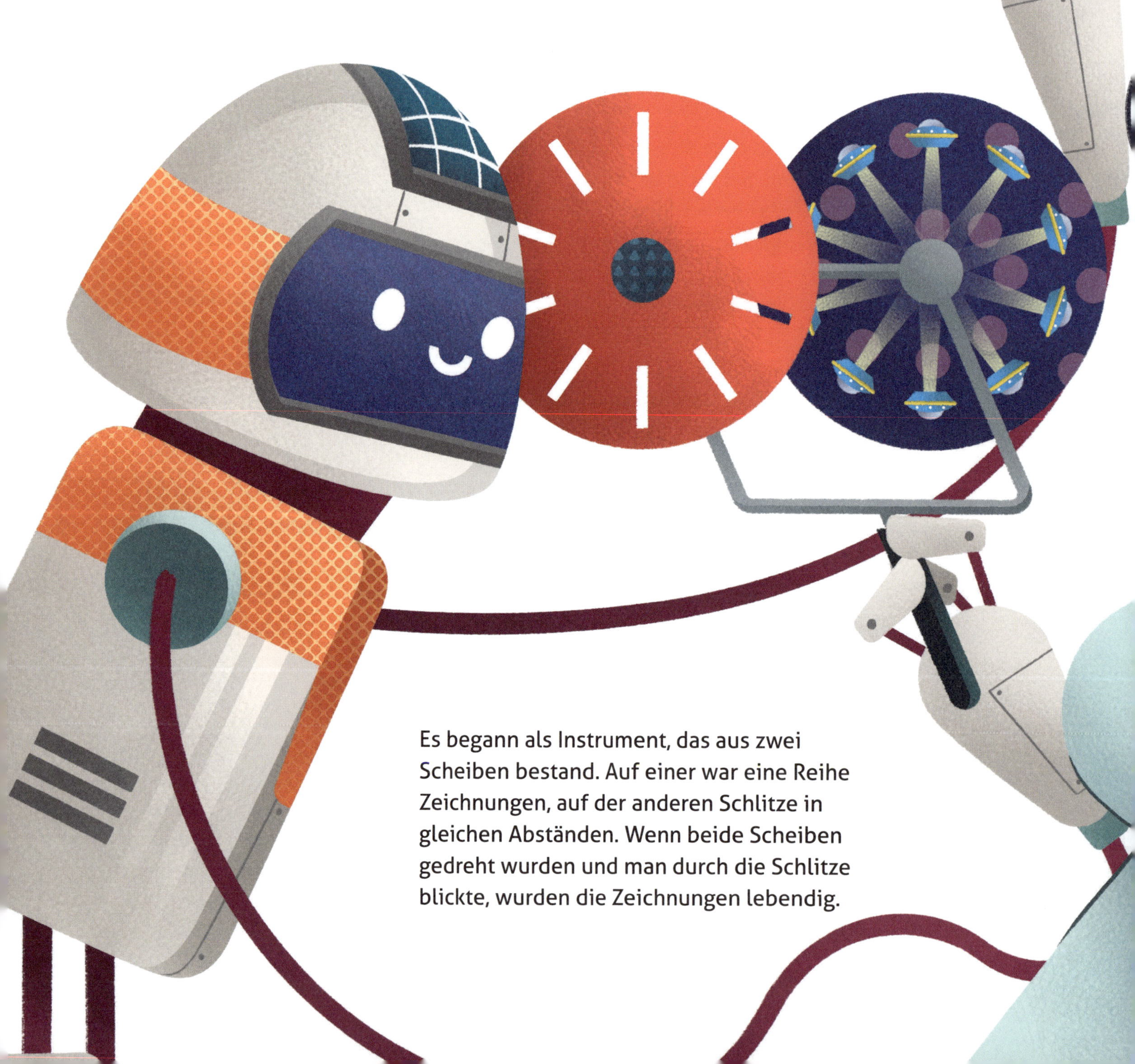

Es begann als Instrument, das aus zwei Scheiben bestand. Auf einer war eine Reihe Zeichnungen, auf der anderen Schlitze in gleichen Abständen. Wenn beide Scheiben gedreht wurden und man durch die Schlitze blickte, wurden die Zeichnungen lebendig.

Es gibt eine Variante mit nur
einer Scheibe, die Schlitze und
Zeichnungen enthält. Man hält
die Scheibe vor einen Spiegel und
schaut diesen durch die Schlitze
an. Dreht man die Scheibe,
werden die Zeichnungen
ebenfalls lebendig.

Das Wort „Phenakistiskop"
kommt vom griechischen
Wort für „täuschen", denn
genau das geschieht ja,
wenn die Zeichnungen
zu leben scheinen.

127

IM 19. JAHRHUNDERT ...

SCHWIERIGKEIT:

DRECKFAKTOR:

ZEIT: *50 Minuten*

MACHE ES MIT:

DU BRAUCHST

- *ein Kreis aus weißen Karton*
- *ein Bleistift*
- *ein Lineal*
- *ein Küchenmesser*
- *eine Reißzwecke*

UND SO GEHT ES

1

Teile den Kreis mit 8 Linien in 16 gleich große Abschnitte.

2

Zeichne einen Kreis in den ersten Abschnitt. Im zweiten sitzt er etwas höher, und immer weiter so bis zum neunten Abschnitt. Ab da malst du die Kreise etwas unter die vorangehenden, bis du wieder auf derselben Höhe wie beim ersten Kreis angekommen bist.

3

Mit dem Küchenmesser (Erwachsene helfen dir dabei) schneidest du ein enges Fenster in jede Trennlinie – es fängt 1 cm vom Rand entfernt an und endet 4 cm vom Rand. Die Schlitze sind also 3 cm lang und 3 mm breit.

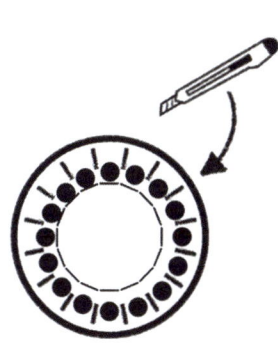

4

Befestige die Scheibe mit der Reißzwecke an dem Stift.

5

Stelle dich vor den Spiegel – die Zeichnungen zeigen zu ihm.

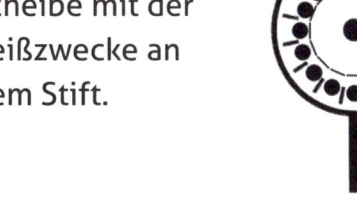

WAS IST PASSIERT?

Wir glauben, einen Ball zu sehen, der immer wieder vom Boden abprallt. Das ist die Folge der TRÄGHEIT DES AUGES, einer Eigenschaft unseres SEHSINNS, der nicht zwischen zwei Bildern unterscheiden kann, wenn sie schnell aufeinander folgen.

6

Drehe die Scheibe vor deinen Augen und betrachte die Spiegelbilder der Kreise durch die Schlitze.

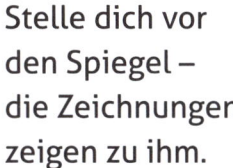

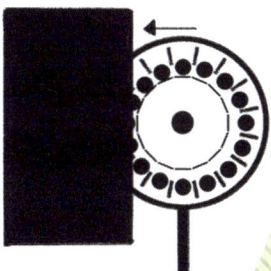

BEWEGLICHE BILDER

Das **Zoetrop** ist ein **OPTISCHES** Gerät, das die Illusion sich bewegender Bilder erzeugt. Es wurde 1833 von **WILLIAM GEORGE HORNER** erfunden und war im vorletzten Jahrhundert sehr populär.

Es besteht aus einer Reihe Zeichnungen auf einem Papierstreifen, der sich in einem Zylinder mit Schlitzen befindet, durch die man die Bilder betrachtet.

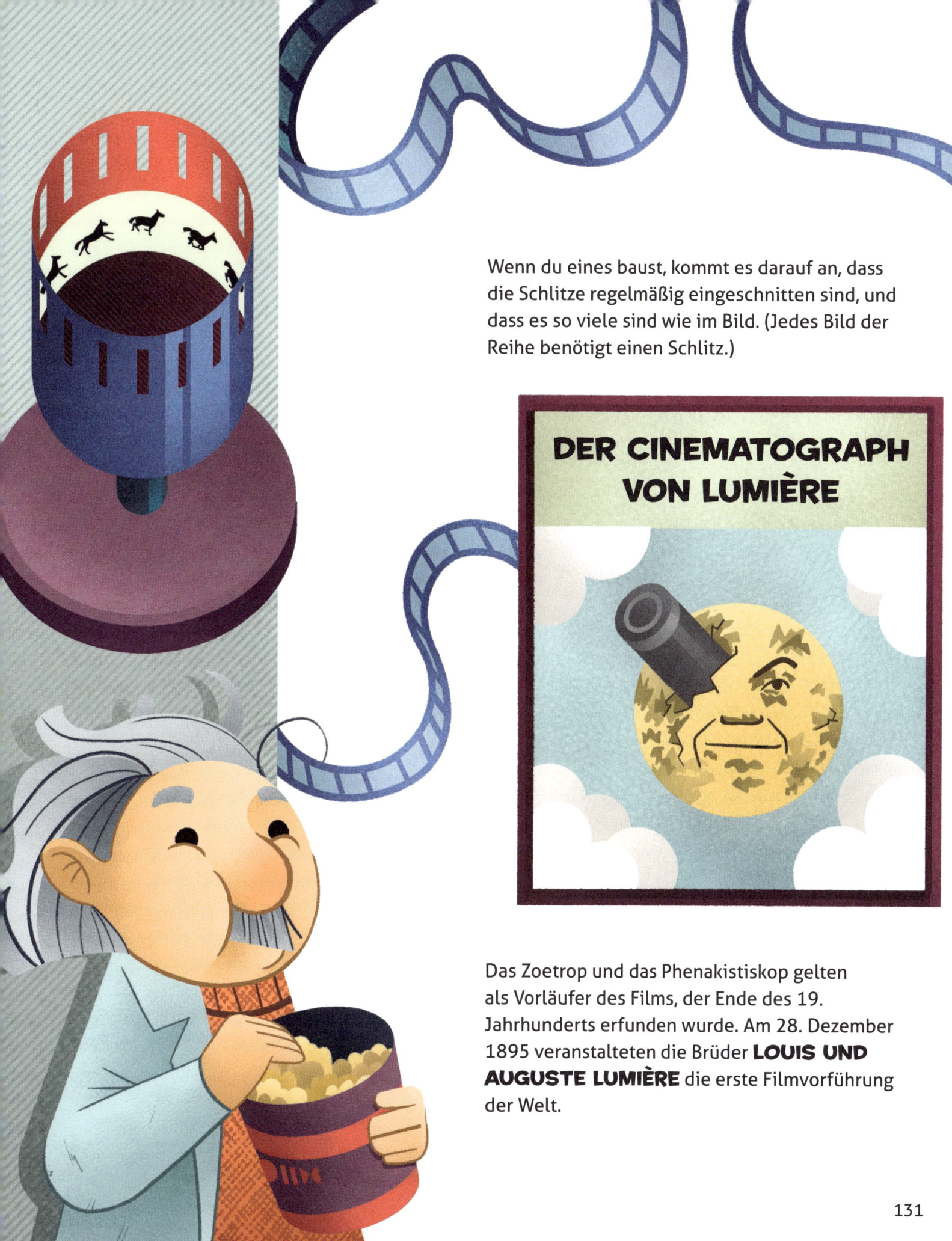

Wenn du eines baust, kommt es darauf an, dass die Schlitze regelmäßig eingeschnitten sind, und dass es so viele sind wie im Bild. (Jedes Bild der Reihe benötigt einen Schlitz.)

DER CINEMATOGRAPH VON LUMIÈRE

Das Zoetrop und das Phenakistiskop gelten als Vorläufer des Films, der Ende des 19. Jahrhunderts erfunden wurde. Am 28. Dezember 1895 veranstalteten die Brüder **LOUIS UND AUGUSTE LUMIÈRE** die erste Filmvorführung der Welt.

DAS ZOETROP

DU BRAUCHST

- ein zylindrischer Plastikbehälter, 10 cm hoch mit 1,5 cm Durchmesser
- ein Nagel
- ein rundes Holzbrett mit 20 cm Durchmesser, 2 cm dick
- ein Küchenmesser
- ein schwarzer Filzstift
- ein Papierstreifen, 2 cm breit und so lang wie der Umfang des Behälters
- ein Bleistift
- eine Unterlegscheibe

UND SO GEHT ES

1 Zeichne eine Reihe von 16 Zeichnungen auf den Streifen – wie der für das Phenakistiskop. Sie alle haben dieselbe Größe und denselben Abstand.

2 Streiche den Behälter schwarz.

3 Klebe den Bildstreifen auf die Innenseite des Behälters. Die Zeichnungen blicken nach innen.

4  Mit Hilfe eines Erwachsenen schneidest du mit dem Küchenmesser sechzehn 3 mm breite Schlitze mittig zwischen die Zeichnungen oberhalb des Bildstreifens in den Behälter.

5 Befestige den Boden des Behälters auf der Holzscheibe. Lege die Unterlegscheibe dazwischen, damit er sich besser drehen kann.

6 Hebe den Behälter auf Augenhöhe und schau durch die Schlitze. Drehe die Scheibe und betrachte die Zeichnungen.

WAS IST PASSIERT?

Wie beim Phenakistiskop erzeugt die TRÄGHEIT DES AUGES die Illusion, als erwachten die Zeichnungen zum Leben.

MEHR

Zeichne noch weitere Papierstreifen mit anderen Filmen!

Elektrizität und Magnetismus

EINE BESONDERE KRAFT

In deinem Federmäppchen hast du sicherlich einen Füller, Bleistifte, Filzstifte, ein Radiergummi, einen Spitzer und Büroklammern. Lege sie alle auf den Tisch und gehe mit einem MAGNETEN darüber. Was zieht er an?

Ein MAGNET zieht nur Gegenstände an, die Eisen, Nickel oder Kobalt enthalten (FERROMAGNETISCHE Objekte). Andere Gegenstände aus Plastik, Papier oder Holz werden nicht angezogen.

Magnete ziehen Gegenstände über die unsichtbare MAGNETKRAFT an.

Die MAGNETKRAFT nimmt mit der Nähe zum Objekt zu – und ab, wenn man den Magneten entfernt. Sie durchdringt aber Material wie Papier, Plastik und Wasser.

MAGNET-MUTANTEN

Magneto ist ein Held in den Marvel Comics. Als Mutant erzeugt und beherrscht er die MAGNETKRAFT. Er kann also Metall anziehen.

ANGEZOGEN UND ABGESTOSSEN

UND SO GEHT ES

1

Schneide aus dem Karton, dem Aluminium und der Plastikflasche einen Fisch aus und klebe an jeden eine Büroklammer.

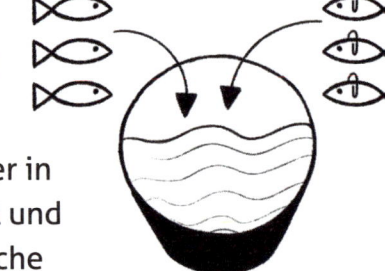
2 Schneide aus jedem Material einen zweiten Fisch.

3

Gieße Wasser in die Schüssel und lege alle Fische hinein.

4 Mit dem Magneten angelst du die Fische.

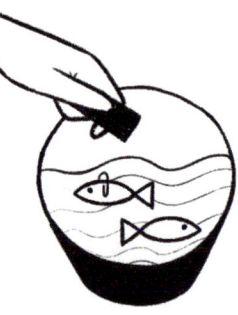

WAS IST PASSIERT?

Der Magnet zieht nur die Fische aus Plastik, Aluminium und Karton an, an denen die metallische Büroklammer klebt, weil sie Eisen enthält. Er zieht die Fische ohne Büroklammern also nicht an. Übrigens durchdringt die Magnetkraft das Wasser und das Glas der Schüssel.

RAUMSCHIFFE

DU BRAUCHST

- 1 Blatt Farbkarton
- 1 Büroklammer
- 1 Magnet
- Klebeband
- 1 20–30 cm langer Faden

UND SO GEHT ES

1 Schneide das Raumschiff aus dem Karton.

2 Knote ein Fadenende an die Büroklammer.

3 Klebe die Büroklammer mit Klebeband an das Raumschiff.

4 Klebe das andere Fadenende mit Klebeband an den Tisch.

5 Nun lässt du das Raumschiff mit dem Magneten fliegen, ohne es zu berühren.

SCHWIERIGKEIT:

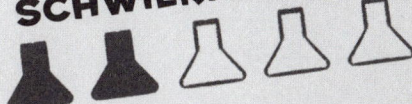

DRECKFAKTOR:

ZEIT: 10–15 Minuten

MACHE ES MIT:

WAS IST PASSIERT?

Die Magnetkraft zieht die Büroklammer an. Bewegst du den Magneten von ihr weg, nimmt die Magnetkraft ab, bis das Raumschiff vom Himmel stürzt.

NATÜRLICH MAGNETISCH

MAGNET

Ein **Magnet** besteht aus einem Magnetit genannten Mineral. Die Griechen entdeckten es vor mehr als 2000 Jahren, der Name stammt von der Stadt Magnesia in der Türkei, wo das Mineral gefunden wurde. Heute heißt sie Manisa.

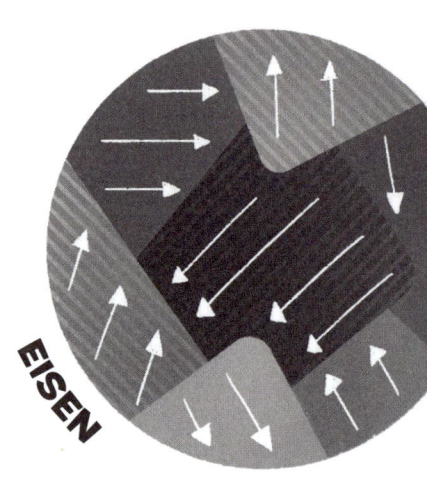

EISEN

Wie alle Metalle weist Eisen viele magnetische Stellen auf, die magnetischen DOMÄNEN, die gleichmäßig magnetisiert sind. Beim Magnetit sind alle Domänen gleich ausgerichtet.

AUSRICHTEN!

Magnetit kann seine Kraft auf einige Metalle übertragen, auf andere aber nicht. Wenn du einen Magneten neben ein FERROMAGNETISCHES Objekt legst, dann richten sich seine DOMÄNEN nach ihm aus. Es wird ebenfalls zum Magneten.

MAGNET

EISEN

WIR BASTELN MAGNETE

UND SO GEHT ES

1 Mit kreisenden Bewegungen reibst du den Nagel ganz oft über ein Ende des Magneten.

2 Jetzt geh mit dem Nagel zur Nadel – was passiert?

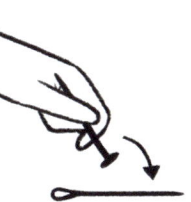

SCHWIERIGKEIT:

DRECKFAKTOR:

ZEIT: *10–15 Minuten*

MACHE ES MIT:

WAS IST PASSIERT?

Wenn du den Nagel am Magneten reibst, wird er magnetisiert, seine magnetischen Domänen werden gleich ausgerichtet. Der Nagel wird zeitweise zum Magneten und kann nun andere Gegenstände aus Eisen anziehen wie die Nadel.

MAGNETISCHES FELD (DIE POLE DES MAGNETEN)

Alle Magneten haben zwei Teile. Man nennt sie den **Nord-** und den **Südpol**.

Während ein Magnet immer von allen FERROMAGNETISCHEN Objekten angezogen wird, zieht ein Magnet einen anderen nur an, wenn die gegenüberliegenden Pole zusammenkommen.

Wenn wir den Nordpol eines Magneten nahe an den Südpol eines anderen legen, ziehen sie sich an, legen wir zwei Nord- oder zwei Südpole aneinander, stoßen sie sich ab.

SCHWIERIGKEIT:

DRECKFAKTOR:

ZEIT: *20 Minuten*

MACHE ES MIT:

DU BRAUCHST

- *ein Spielzeugauto*
- *2 Stangenmagnete*
- *Klebeband*
- *2 Stück rotes Papier*
- *2 Stück blaues Papier*

UND SO GEHT ES

 Lege die Magnete so hin, dass sie sich anziehen. An den Enden, die sich berühren, klebst du mit Klebeband ein Stück rotes Papier auf den einen und ein blaues Stück Papier auf den anderen Magneten.

 Auf den anderen Enden machst du es ebenso, nur vertauschst du die Farben.

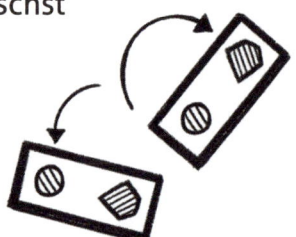

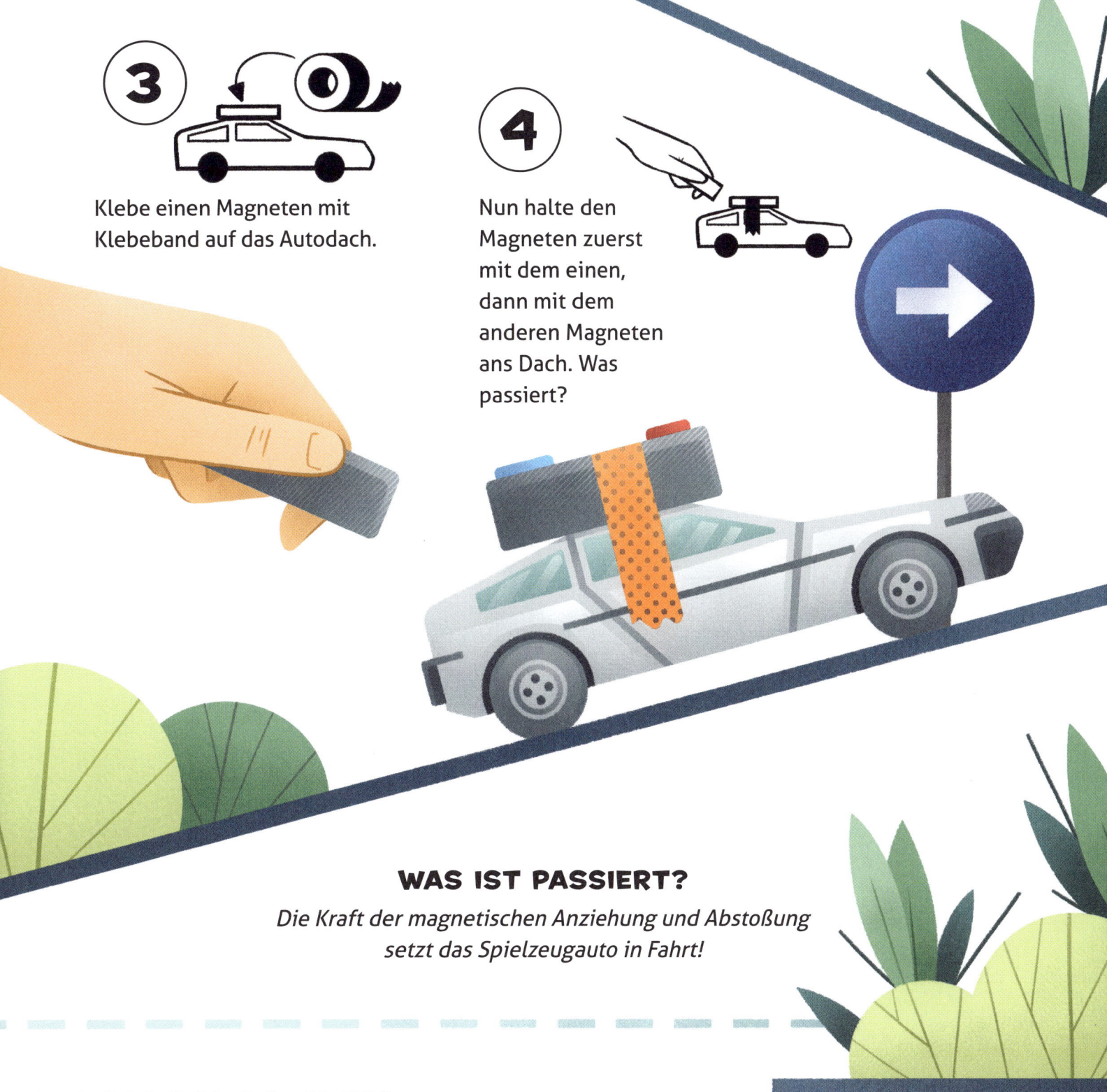

3 Klebe einen Magneten mit Klebeband auf das Autodach.

4 Nun halte den Magneten zuerst mit dem einen, dann mit dem anderen Magneten ans Dach. Was passiert?

WAS IST PASSIERT?

Die Kraft der magnetischen Anziehung und Abstoßung setzt das Spielzeugauto in Fahrt!

WIR BASTELN EIN AUTO!

Bastle dir ein Auto aus recyceltem Material! Du brauchst 1 Glasflasche, 1 Strohhalm, 2 Holzspieße, 4 gleich große Flaschendeckel, Klebeband und einen Pfriem.

1. Scheide den Halm in zwei gleich große Stücke.

2. Klebe die beiden Halme auf die gleiche Seite der Flasche, einen nahe am Hals, der andere nahe am Boden.

3. Schneide die Holzspieße auf 10 cm zu und fädle sie in die Halme ein.

4. Ein Erwachsener hilft dir, ein Loch in jeden Deckel zu bohren. Dann schiebst du die Deckel auf die Spieße.

JETZT FÄHRT DEIN AUTO LOS!

WIR LEBEN AUF EINEM GIGANTISCHEN MAGNETEN

Das MAGNETFELD ist unsichtbar, umgibt aber jeden **Magneten**.

Wenn wir Eisenspäne um einen Magneten verstreuen, dann richten sie sich nach dem Kreismuster der MAGNETFELDLINIEN aus. Daran zeigt sich, wie stark ein Magnet ist.

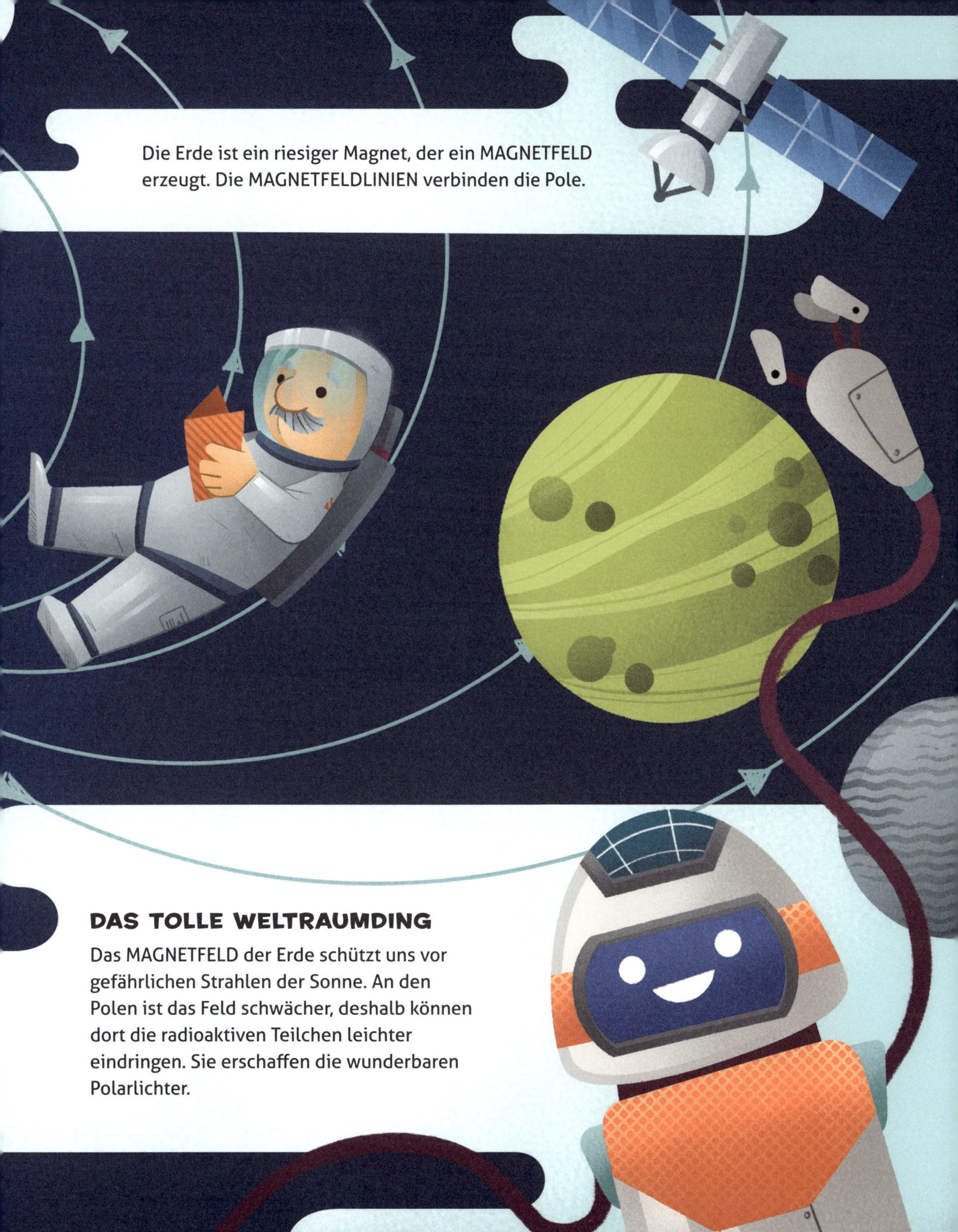

Die Erde ist ein riesiger Magnet, der ein MAGNETFELD erzeugt. Die MAGNETFELDLINIEN verbinden die Pole.

DAS TOLLE WELTRAUMDING

Das MAGNETFELD der Erde schützt uns vor gefährlichen Strahlen der Sonne. An den Polen ist das Feld schwächer, deshalb können dort die radioaktiven Teilchen leichter eindringen. Sie erschaffen die wunderbaren Polarlichter.

DAS UNSICHTBARE SEHEN

DU BRAUCHST

- Sirup
- Eisenspäne
- 1 Esslöffel
- 1 durchsichtiger Behälter
- 1 Stangenmagnet
- 1 Hufeisenmagnet

UND SO GEHT ES

1 Mische ein Glas Sirup in dem Behälter mit einem Löffel voll Eisenspäne.

2 Lege den Stangenmagneten unter den Behälter. Bewege ihn und betrachte, was passiert.

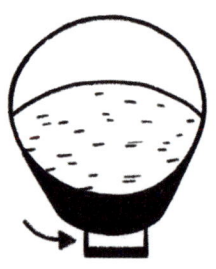

3 Nun mache das mit dem Hufeisenmagneten.

WAS IST PASSIERT?

Die Eisenspäne werden vom Magneten angezogen und bewegen sich auf den MAGNETFELDLINIEN. Sie werden an den Polen dichter und streuen sich zur Seite hin. Der Sirup verlangsamt die Bewegung der Späne. So kannst du das Phänomen besser beobachten.

LERNE, WIE MAN EINEN KOMPASS VERWENDET

UND SO GEHT ES

1

Geh nach draußen, lege den Kompass auf den Boden und schau nach, wohin die Nordnadel zeigt.

2

Lege den Stadtplan so hin, dass Norden da ist, wohin die Nadel zeigt.

3

Betrachte die Straßen der Umgebung und auf der Karte. Stimmen sie überein?

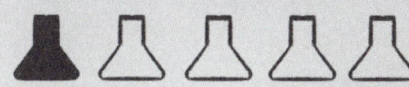

SCHWIERIGKEIT:

DRECKFAKTOR:

ZEIT: 20 Minuten

MACHE ES MIT:

WAS IST PASSIERT?

Beachte, wie genau die Straßen deiner Umgebung mit denen auf dem Plan übereinstimmen!

WUSSTEST DU?

Die alten Römer bauten ihre Städte im Schachbrettmuster, das sich an den Himmelsrichtungen orientierte. Die beiden Hauptachsen waren die **CARDO** (Nord nach Süd) und die **DECUMANUS** (von Ost nach West).

MIT EINEM KOMPASS ORIENTIEREN

ICH WEISS, WO ES LANGGEHT!

Viele Tiere, besonders Zugvögel, orientieren sich mit winzigen magnetischen Kristallen im Gehirn.

Rotkehlchen fliegen beispielsweise viele tausend Meilen und finden doch in ihr Nest zurück, **Meeresschildkröten** kehren an den Strand zurück, an dem sie geboren wurden, haben aber inzwischen mehrere Ozeane durchquert.

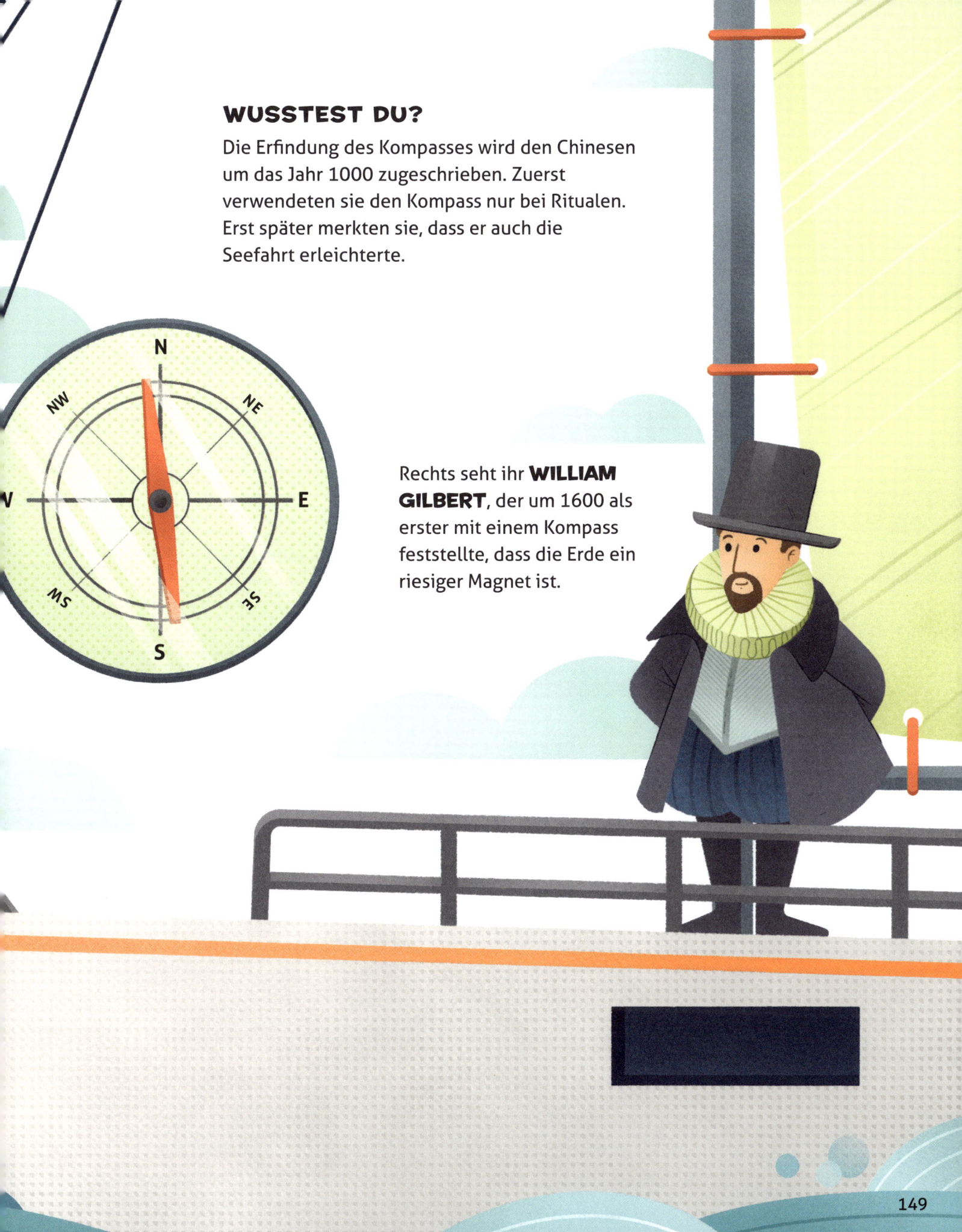

WUSSTEST DU?

Die Erfindung des Kompasses wird den Chinesen um das Jahr 1000 zugeschrieben. Zuerst verwendeten sie den Kompass nur bei Ritualen. Erst später merkten sie, dass er auch die Seefahrt erleichterte.

Rechts seht ihr **WILLIAM GILBERT**, der um 1600 als erster mit einem Kompass feststellte, dass die Erde ein riesiger Magnet ist.

EINEN KOMPASS BASTELN

DU BRAUCHST

- 1 Korken
- 1 Nadel
- 1 Magnet
- 1 Schüssel Wasser
- Schere oder Messer
- Klebeband

UND SO GEHT ES

SCHWIERIGKEIT:

DRECKFAKTOR:

ZEIT: 20 Minuten

MACHE ES MIT:

1 Reibe die Nadel oft an derselben Stelle über den Magneten.

2 Scheide vom Korken ein 0,5 cm hohes Stück ab.

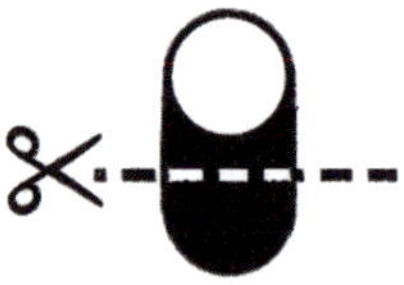

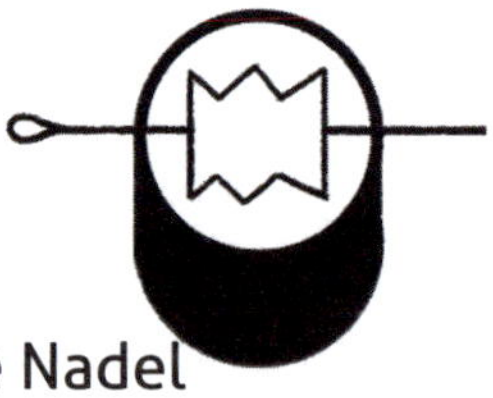

3 Klebe die Nadel mit Klebeband darauf.

H_2O

(4) Fülle Wasser in die Schüssel.

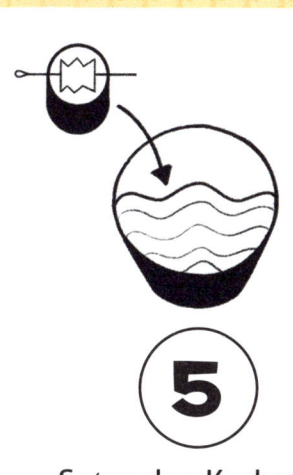

(5) Setze den Korken mit der Nadel ins Wasser.

(6) Die Nadel dreht sich, bevor sie sich nach dem Magnetfeld der Erde ausrichtet.

WAS IST PASSIERT?

*Indem du die Nadel über den Magneten reibst, magnetisierst du sie. Die magnetisierte Nadel, die sich frei im Wasser drehen kann, richtet sich nach dem **Erdmagnetfeld** aus, zeigt also schließlich auf die Nord-Süd-Achse.*

NUTZE DIE MACHT, LEO

Das Wort „Elektrizität" kommt vom Griechischen *elektron*, **Bernstein**. Reibt man Bernstein mit einem Tuch, dann zieht er leichte Gegenstände wie Federn oder Stroh an. Man spricht von der **elektrostatischen** Aufladung. Auch andere Gegenstände können durch Reibung elektrisiert werden, etwa Glas, Gummi und Metalle.

ELEKTROSTATISCHE KRÄFTE können anziehen (Gegenstände holen) und abstoßen (Gegenstände fortstoßen).

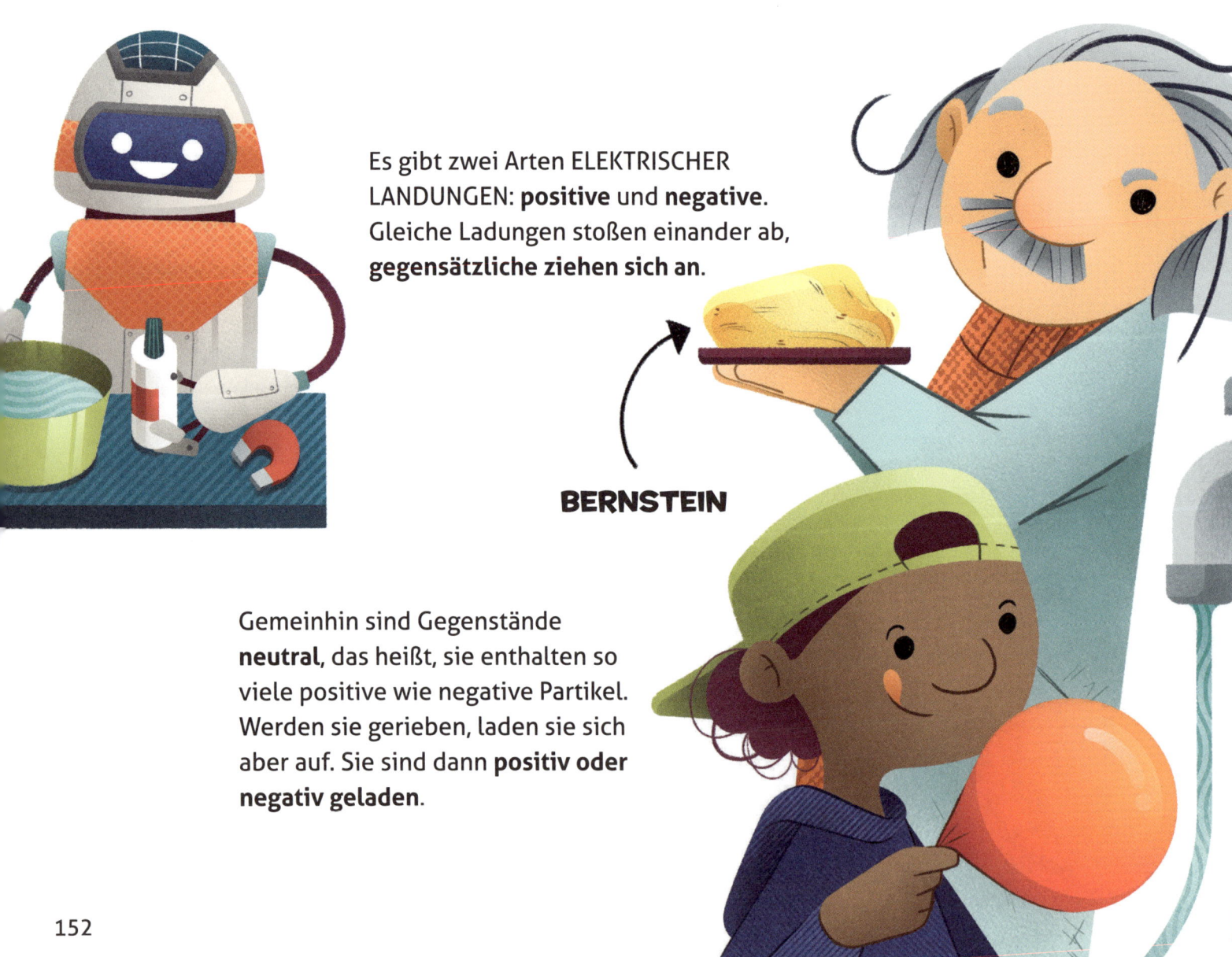

Es gibt zwei Arten ELEKTRISCHER LANDUNGEN: **positive** und **negative**. Gleiche Ladungen stoßen einander ab, **gegensätzliche ziehen sich an**.

BERNSTEIN

Gemeinhin sind Gegenstände **neutral**, das heißt, sie enthalten so viele positive wie negative Partikel. Werden sie gerieben, laden sie sich aber auf. Sie sind dann **positiv oder negativ geladen**.

DU BRAUCHST

- 1 Ballon
- deine Haare (!)
- ein Wasserhahn

UND SO GEHT ES

SCHWIERIGKEIT:

DRECKFAKTOR:

ZEIT: *3 Minuten*

MACHE ES MIT:

Blase den Ballon auf und knote ihn zu.

2 Reibe den Ballon an deinen sauberen Haaren.

3 Dreh den Wasserhahn auf.

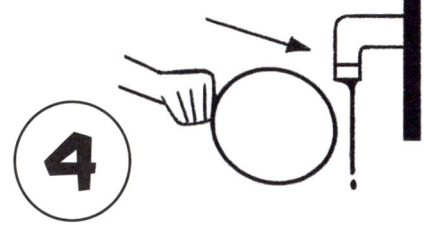

Halte den Ballon neben den Wasserstrahl – was passiert?

WAS IST PASSIERT?

Wenn du den Ballon über deine Haare reibst, lädt er sich elektrisch auf. Hältst du ihn dann nahe ans Wasser, orientiert das Wasser seine Ladung neu und erfährt ELEKTROSTATISCHE Anziehung. So wird es abgeleitet.

BLITZE FANGEN

Ein **Blitz** ist eine gewaltige elektrische Entladung zwischen den Wolken und dem Erdboden oder zwischen zwei nahen Wolken, wenn sich große unterschiedliche LADUNGEN angesammelt haben.

Wissenschaftler wollten die Kraft eines Blitzes einfangen, aber bislang ohne Erfolg. Die Kraft eines Blitzes ist gewaltig und äußerst konzentriert, und wir wissen nie, wo er als nächstes einschlägt.

Nur Marty und Doc konnten in „Zurück in die Zukunft" einen einfangen – aber das ist eine andere Geschichte.

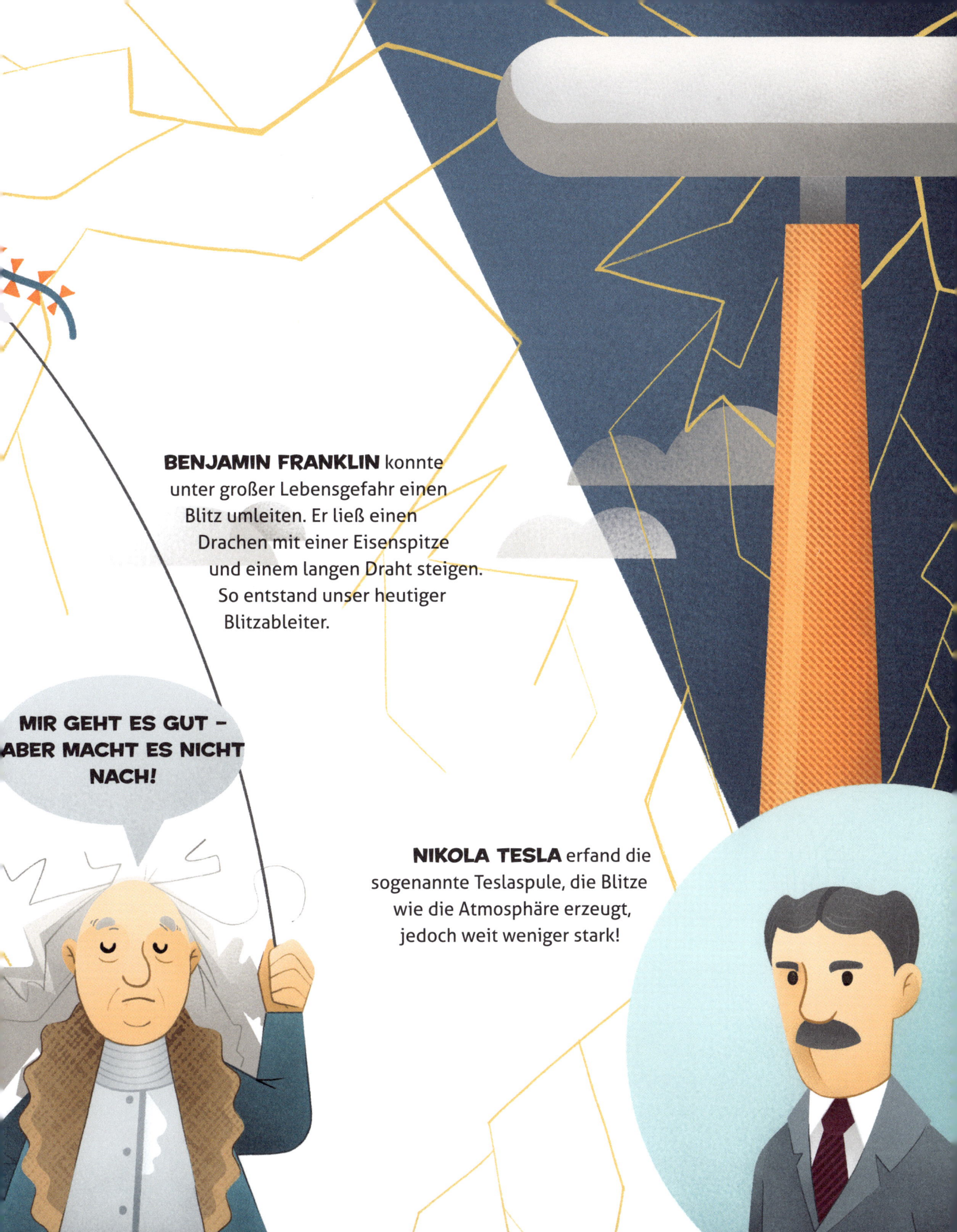

BENJAMIN FRANKLIN konnte unter großer Lebensgefahr einen Blitz umleiten. Er ließ einen Drachen mit einer Eisenspitze und einem langen Draht steigen. So entstand unser heutiger Blitzableiter.

MIR GEHT ES GUT – ABER MACHT ES NICHT NACH!

NIKOLA TESLA erfand die sogenannte Teslaspule, die Blitze wie die Atmosphäre erzeugt, jedoch weit weniger stark!

DAS ELEKTROSKOP

DU BRAUCHST

- 1 Glas, mindestens 15 cm hoch, mit Plastikdeckel
- 12 cm starren Metalldraht
- 1 Kugel Alufolie
- 2 Streifen Alufolie, 4 x 1,5 cm
- 2 Reißzwecken
- 1 Plastikstab
- 1 Stück Wollstoff
- Klebefilm

UND SO GEHT ES

1 Steche mit der Reißzwecke ein Loch in den Deckel.

2 Stecke die Hälfte Draht in das Loch und sichere es mit Klebeband.

3 Ziehe die Alufolienkugel auf das Ende des Drahts, das aus dem Deckel herauslugt.

6 Halte den Plastikstab an die Alukugel – was passiert?

4 Biege das andere Ende zu einem Haken und hänge die Alustreifen daran.

7 Nun reibe den Plastikstab an dem Wollstoff und halte ihn nahe an die Alukugel. Was passiert?

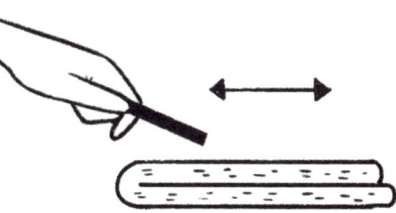

5 Schraube den Deckel auf das Glas. Jetzt steht dein Elektroskop bereit!

WAS IST PASSIERT?

Reibst du den Stab an der Wolle, wird er elektrifiziert, hältst du ihn dann nahe an das Elektroskop, überträgt er seine Ladung auf die Alustreifen, die sich voneinander entfernen, weil sie identische Ladungen haben.

ES WAR EINMAL ...

Batterien erzeugen Elektrizität durch eine spontane chemische Reaktion, die zwischen den in ihnen enthaltenen Substanzen stattfinden.

Die erste elektrische Batterie, der Vorläufer unserer heutigen Batterien, wurde um 1800 von **ALESSANDRO VOLTA** gebaut.

ALESSANDRO VOLTA

Volta's Batterie bestand aus Zink- und Kupferscheiben, getrennt durch in Säure getunkte Filzstücke.

TATSACHE!

Das Elektroauto, das gerade wieder populär wird, obwohl es bereits in der Mitte des 19. Jahrhunderts erfunden wurde, verwendet Batterien statt eines Verbrennungsmotors.

... EINE BATTERIE

DU BRAUCHST

- 8 Kupfermünzen
- ein Blatt Papier
- ein Blatt Alufolie
- Schere
- ein Glas
- 1 Zitrone
- ein Teelöffel
- ein kleines LED-Licht

UND SO GEHT ES

1 Nimm die Münze, um 8 gleich große Stücke aus Papier und Alufolie zu schneiden.

2

Befeuchte die Papierscheibe mit etwas Zitronensaft.

3 Staple die Scheiben wie folgt: Münze, Zitronensaftpapier, Alufolie, und mache in dieser Reihenfolge weiter.

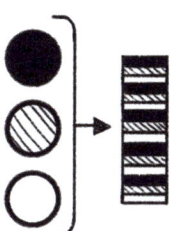

4 Schließe das LED-Licht an die Enden der Batterie an.

ACHTUNG!

Der Zitronensaft auf den Papierscheiben darf nicht in die Batterie tropfen, das könnte zu einem Kurzschluss führen – und dann leuchtet das LED-Licht nicht!

WAS IST PASSIERT?

Aufgrund der Säurelösung zwischen Zink und Kupfer fließen Elektronen durch die Batterie. Je mehr Sets aus je drei Scheiben du übereinander stapelst, desto mehr „Saft" gibt die Batterie.

STROM ...

Der Begriff „Strom" kommt vom lateinischen Wort currens, das bedeutet „laufend". Es bezeichnet den Fluss der Elektronen, die von einem Abschnitt zum nächsten gehen. Sie werden vom SPANNUNGSABFALL beschleunigt, dem Ungleichgewicht der Spannungen. Man misst ihn zu Ehren von **ALESSANDRO VOLTA** in Volt.

V

VOLT

... IM ALLTAG

Heute setzen wir bei uns Zuhause **Wechselstrom** (AC) ein, der von **NIKOLA TESLA** entworfen wurde. Er ist besser und leichter zu handhaben als der **Gleichstrom** (DC), den **THOMAS EDISON** bevorzugte und den wir heute fast nur noch bei **Batterien** verwenden.

WIR BAUEN EINEN STROMKREIS

Ein STROMKREIS ist ein ununterbrochener Weg, durch den Elektronen fließen.

Der einfachste Stromkreis besteht aus:

- einem **Generator** oder einer **Batterie**, also einem Gerät, das eine Energiequelle in Elektrizität umwandelt.
- einem **elektrischen Gerät**, etwa einer Glühbirne, einem Ventilator oder einem Bügeleisen.
- **Drahtleitern**, die alle Elemente des Stromkreises verbinden, damit die Spannung einfach durchfließen kann.

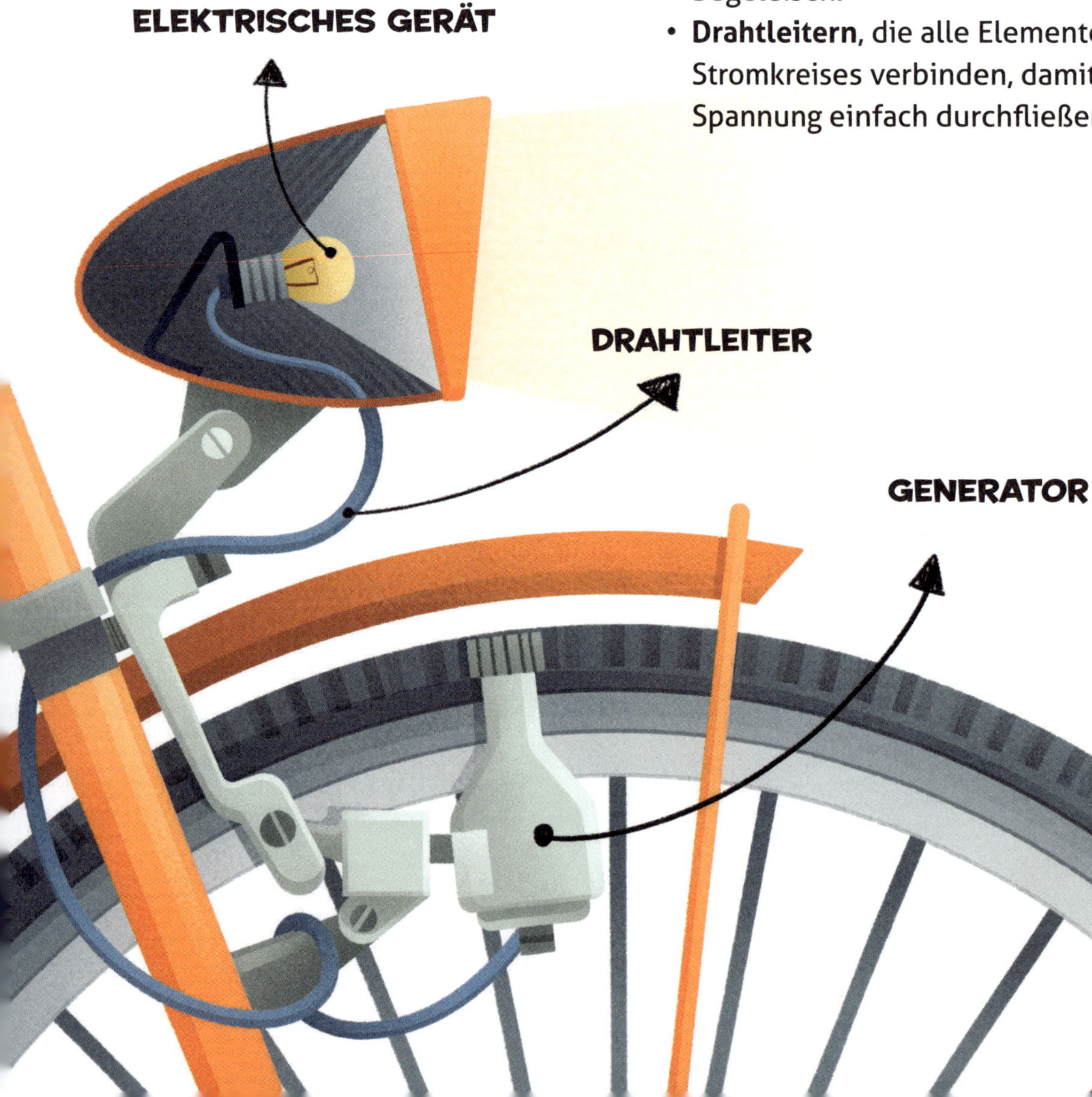

ELEKTRISCHES GERÄT

DRAHTLEITER

GENERATOR

DU BRAUCHST

- elektrischer Draht
- 4,5-Volt-Batterie
- 4,5-Volt-Glühbirne
- Birnenfassung
- Schere

UND SO GEHT ES

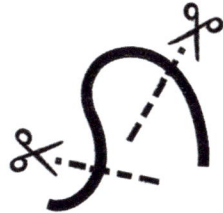

1 Schneide 2 Stücke Draht zurecht, jeweils 20 cm lang.

2 Verbinde jeweils ein Ende des Drahts mit einem Pol der Batterie. Die beiden Drähte dürfen sich nicht berühren.

3 Schraube die Glühbirne in die Fassung und verbinde die beiden freien Drahtenden mit der Fassung.

4 Was passiert?

WAS IST PASSIERT?

Wir haben einen ELEKTRISCHEN KREISLAUF gebaut. Die Batterie ist der Generator, die Glühbirne das elektrische Gerät, und die Drähte sind die Verbindung für den Fluss des elektrischen Stroms. Dank dieses Flusses leuchtet die Glühbirne!

LEITER UND ISOLATOREN

Nicht alle Materialen lassen elektrischen Strom durchfließen. Einige Materialien haben eine höhere Elektronenbeweglichkeit, andere gar keine.

ICH BIN EIN LEITER

ICH BIN EIN ISOLATOR

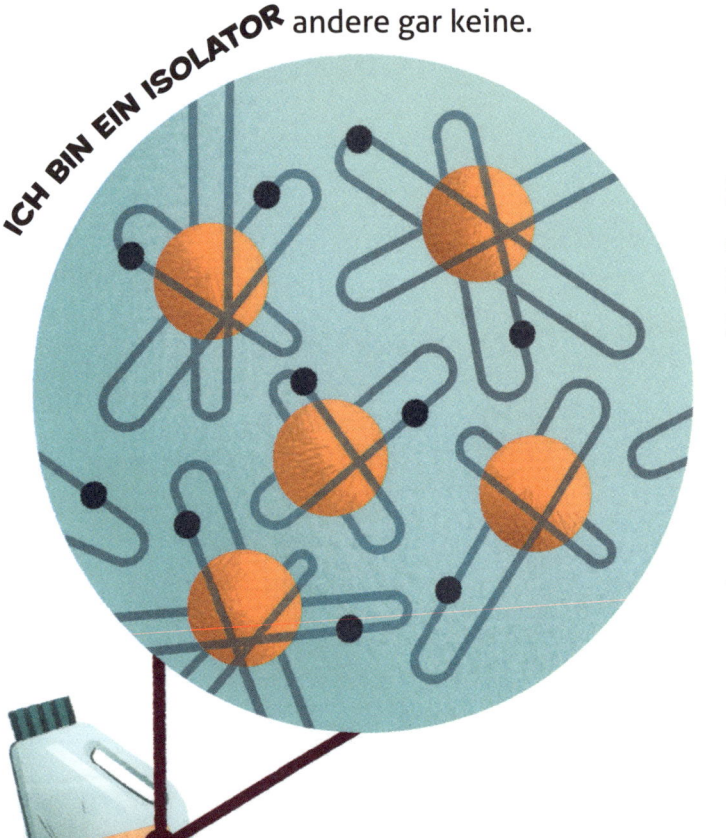

Metalle wie Eisen, Kupfer und Aluminium sind LEITER und lassen den ELEKTRISCHEN STROM durchfließen.

Andere Materialien, wie Holz, Glas und Plastik lassen keinen ELEKTRISCHEN STROM durchfließen. Diese Materialien nennt man ISOLATOREN.

PURES WASSER

LEITET WASSER STROM – ODER NICHT?

Hahnenwasser, Regenwasser und Flusswasser enthält aufgelöste Substanzen und wird damit zu einem guten LEITER. Aber habe Acht! Reines Wasser, das sogenannte destillierte Wasser, enthält keine gelösten Stoffe und leitet deshalb nicht.

ES LEITET!

HAST DU SCHON DAS LETZTE EXPERIMENT GEMACHT?

DU BRAUCHST

- *der gerade gemachte elektrische Schaltkreis*
- *Stücke aus den unterschiedlichsten Materialien wie Holz (Wäscheklammer), Plastik (Flaschenverschluss), Stoff (oder Wollgarn), Papier, Aluminium, Eisen (Nagel), Gummi, Kupferdraht.*
- *Blatt Papier und Stift*

SCHWIERIGKEIT:

DRECKFAKTOR:

ZEIT: *30 Minuten*

MACHE ES MIT:

UND SO GEHT ES

1 Schneide einen der elektrischen Drähte in zwei Hälften.

2 Befestige eines der Materialien zwischen dem durchgeschnittenen Draht. Achte darauf, dass beide Drahtenden fest mit dem Material verbunden sind.

3 Nun teste, eines nach dem anderen, die übrigen Materialien.

4 Notiere, welche Materialien die Glühbirne zum leuchten bringen

WAS IST PASSIERT?

Die Glühbirne leuchtet bei manchen der Stoffe auf, z.B. bei Aluminium, Kupfer und Eisen, weil diese gute Leiter sind. Es bleibt bei anderen Stoffen dunkel, z.B. bei Papier, Plastik oder Gummi, weil es sich um Isolatoren handelt.

WEICHER STROMKREIS

SCHWIERIGKEIT:

DRECKFAKTOR:

ZEIT: *1 Stunde*

MACHE ES MIT:

DU BRAUCHST

- leitender Teig (siehe Rezept)
- nicht leitender Teig (siehe Rezept)
- 1 kleines LED-Licht
- 2 elektrische Drähte
- 4,5-Volt-Batterie
- Klebeband

REZEPT FÜR LEITENDEN TEIG

200 ml Wasser
210 g Mehl
90 g Salz
130 ml Zitronensaft
1 EL Pflanzenöl
1 EL gemahlene Lebensmittelfarbe

Gib das Wasser, 160 g Mehl, das Salz, den Zitronensaft und das Öl in einen Topf. Gut mischen, dann bei mittlerer Flamme erhitzen, bis gallertartiger Teig entsteht. Einige Minuten in einer Backform abkühlen lassen. Dann den Rest des Mehls und die Lebensmittelfarbe hinzugeben, dann den Teig mit den Händen kräftig kneten. Jetzt steht der leitfähige Teig bereit!

REZEPT FÜR NICHT LEITENDEN TEIG

80 g Zucker
140 g Mehl
Etwa 200 ml destilliertes Wasser
3 EL Pflanzenöl

Gib die Hälfte Mehl, den ganzen Zucker und das Öl in eine Schüssel, mische es gut. Füge einen Esslöffel destilliertes Wasser hinzu, dann das restliche Mehl. Nun knetest du den Teig gründlich. Jetzt steht er bereit!
Du kannst beide Teige in Plastikfolie gewickelt mehrere Wochen lang in einem geschlossenen Behälter aufbewahren.

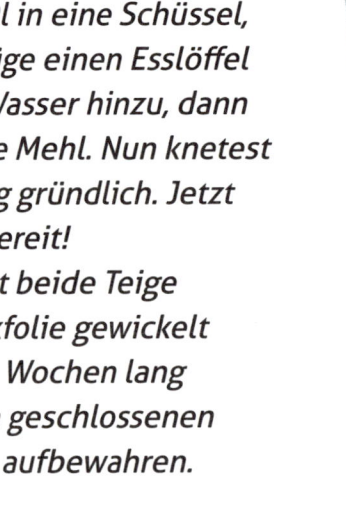

1 Fertige beide Teige nach Rezept an.

5 Stecke die Beine des LED-Lichts in die Teigrollen. Das längere Bein muss mit dem +-Pol der Batterie verbunden sein. Das LED-Licht leuchtet.

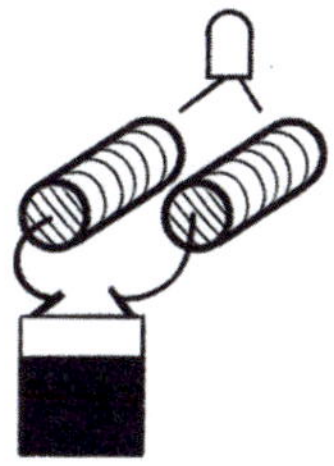

2 Forme 2 Rollen leitenden Teig, sie werden deine Leiter sein. Sie dürfen sich nicht berühren.

6 Berühre kurz die Rollen mit einer weiteren Teigrolle, nimm sie dann wieder weg. Was bemerkst du?

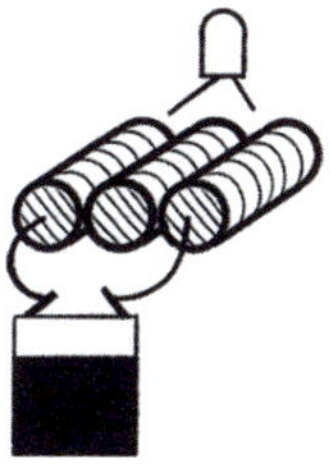

3 Befestige ein Ende der beiden Drähte mit Klebefilm an den Polen der Batterie.

7 Nun legst du ein Stück nicht leitenden Teigs zwischen die Rollen. Was passiert?

4 Stecke die anderen Enden in die Rollen aus leitendem Teig.

WAS IST PASSIERT?

Wenn du beide Rollen aus leitendem Teig so nahe aneinander legst, bis sie sich berühren, führt das zum Kurzschluss. Der Strom wählt den kürzesten Weg und läuft durch den Kontaktpunkt, ohne zum LED-Licht zu gelangen. Es leuchtet also nicht. Legst du eine Rolle nicht leitenden Teig zwischen die Rollen, wirkt sie wie ein Isolator, der Strom fließt durch das LED-Licht, das aufleuchtet. Hast du deinen Stromkreis gebastelt, kannst du mit dem restlichen Teig spielen, und ganz nach deiner Vorstellung lustige Formen kneten.

DER BEGINN DES ELEKTROMAGNETISMUS

AMPÈRE UND ØRSTED

Bis ins 19. Jahrhundert nahm man an, dass es sich beim Magnetismus und der Elektrizität um zwei verschiedene Phänomene handelte. Die Wissenschaftler Ampère und Ørsted vermuteten als erste, dass beide eng verwandt sein könnten. Sie konnten zeigen, dass ein ELEKTRISCHES FELD ein MAGNETFELD erzeugen kann. Gleichzeitig bewies Faraday, dass ein MAGNETFELD ein ELEKTRISCHES FELD erzeugt.

HANS CHRISTIAN ØRSTED

ANDRÉ-MARIE AMPÈRE

MICHAEL FARADAY

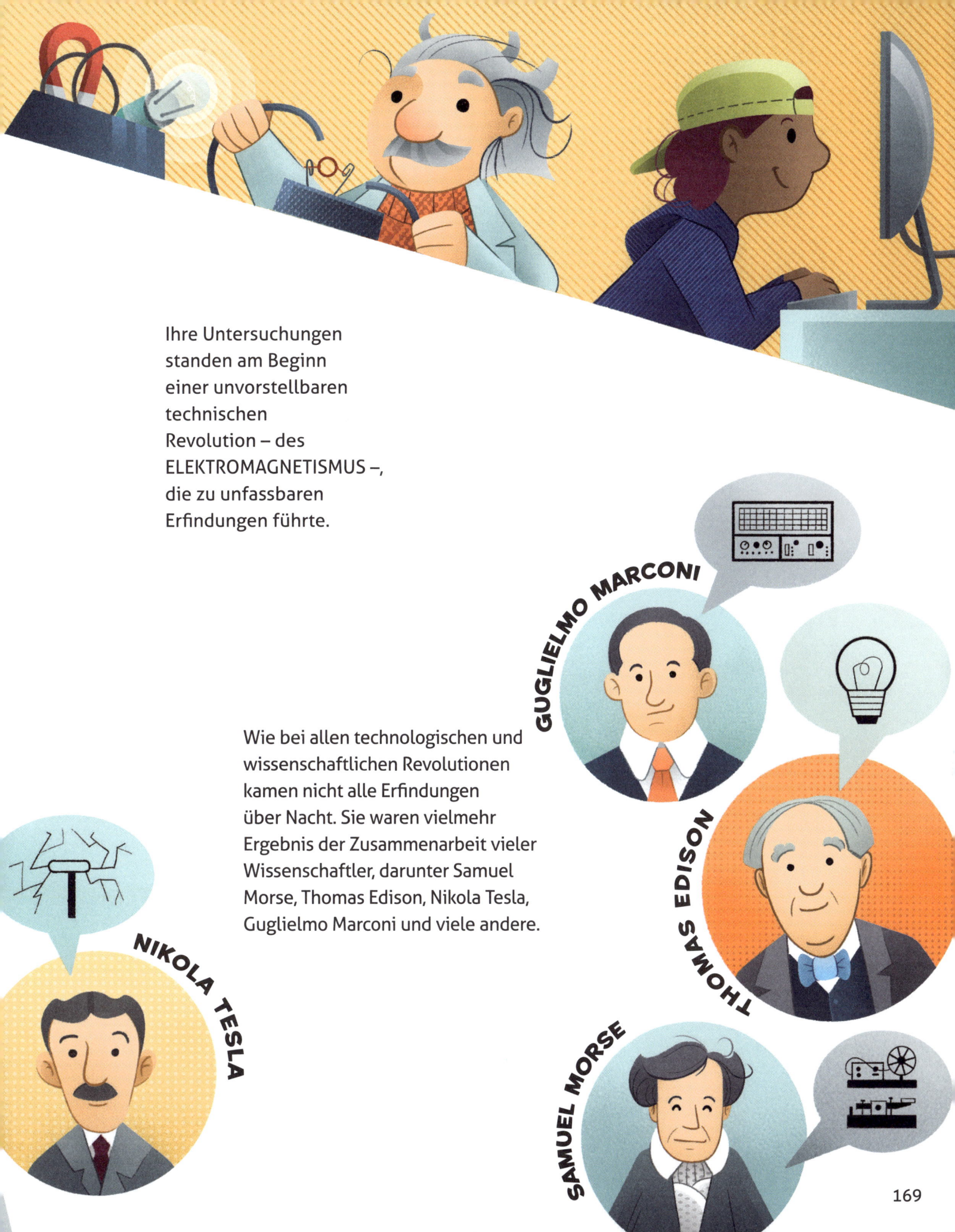

Ihre Untersuchungen
standen am Beginn
einer unvorstellbaren
technischen
Revolution – des
ELEKTROMAGNETISMUS –,
die zu unfassbaren
Erfindungen führte.

GUGLIELMO MARCONI

Wie bei allen technologischen und
wissenschaftlichen Revolutionen
kamen nicht alle Erfindungen
über Nacht. Sie waren vielmehr
Ergebnis der Zusammenarbeit vieler
Wissenschaftler, darunter Samuel
Morse, Thomas Edison, Nikola Tesla,
Guglielmo Marconi und viele andere.

THOMAS EDISON

NIKOLA TESLA

SAMUEL MORSE

EIN HANDY UND EIN KOMPASS

DU BRAUCHST
- ein Kompass
- ein Handy

UND SO GEHT ES

1 Geh mit dem Handy über den Kompass und achte darauf, was passiert.

WAS IST PASSIERT?

Dein Handy verwendet Strom aus einer Batterie. Der Strom erzeugt ein magnetisches Feld, das die Kompassnadel ablenkt.

EIN MAGNET UND EINE SPULE

SCHWIERIGKEIT:

DRECKFAKTOR:

ZEIT: _20 Minuten_

MACHE ES MIT:

+

DU BRAUCHST

- 1 Messgerät
- 1 Stabmagnet
- 1 kupferbeschichteter Draht, den du mindestens 50-mal um den Magneten wickeln kannst
- 1 Stück Wellpappe
- Schere

UND SO GEHT ES

1

Mit Schere, Leim und Pappe bastelst du eine Schachtel, die etwas größer ist als der Magnet.

2

Wickle den Kupferdraht 50-mal um die Schachtel. Das ergibt eine Spule.

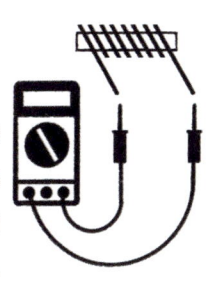

3

Schließe die Enden des Kupferdrahts an das Messgerät an.

4

Entferne die Schachtel unter der Spule und setzte stattdessen den Magneten ein.

5

Bewege den Magneten in der Spule vor und zurück – was passiert?

WAS IST PASSIERT?

Die Nadel des Messgeräts schlägt aus und zeigt an, dass Strom fließt. Der Strom wird dadurch erzeugt, dass sich der Magnet in der Spule bewegt.

EIN EINFACHER ELEKTROMOTOR

Geräte wie Mixer, Waschmaschinen, Geschirrspüler und Föhne, aber auch Autos und manche öffentlichen Verkehrsmittel werden mit einem **Elektromotor** betrieben, der **Elektrizität** in **mechanische Energie** umwandelt.

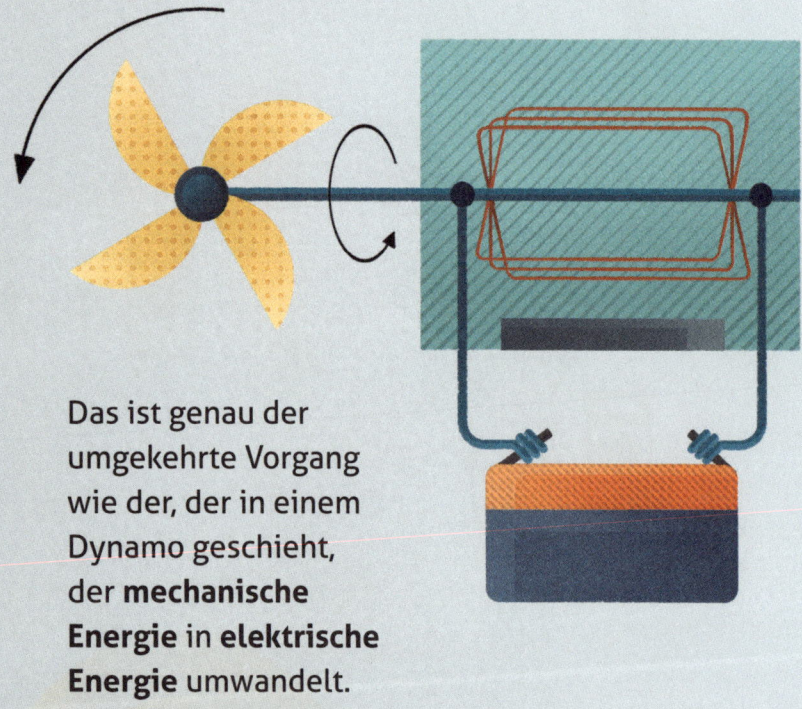

Das ist genau der umgekehrte Vorgang wie der, der in einem Dynamo geschieht, der **mechanische Energie** in **elektrische Energie** umwandelt.

DU BRAUCHST

- 1 Knopfmagnet
- 1 Stück Styropor, 10 x 10 cm
- 2 große Büroklammern
- 1 m kupferbeschichteter Draht
- 10 cm lange Stücke elektrischer Draht
- 1,5-Volt-Batterie
- Schere
- Klebeband

UND SO GEHT ES

1 Befestige den Magnet mit Klebeband in der Mitte des Styropors.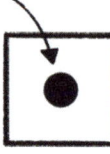

2 Wickle den kupferbeschichteten Draht zu einem Ring mit vielen Ringen auf.

3

An jedem Ende bleiben 5 cm stehen.

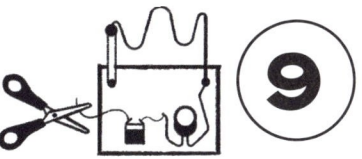

9

Schneide ein 60 cm langes Stück elektrischen Draht ab und befestige ihn am negativen Pol der Batterie.

12

Mit dem Heißleim klebst du den Stabmagneten etwa 1 cm unter eine der Kurven im Eisendraht. Du kannst die Entfernung ändern, wenn du Pappe darunter klebst.

7

Gib den Knopfmagneten an einen beliebigen Platz auf dem Draht.

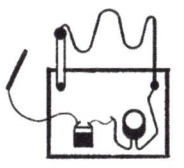 

10

Befestige den elektrischen Draht mit Klebeband am Holzspieß.

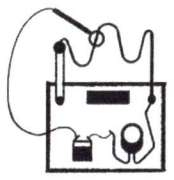 

13

Hake den Haken auf die Filzstift-Hülse und schließe ihn zur Schleife. Der Durchmesser von 2 cm bleibt. Nun kannst du loslegen!

8

Bringe den roten Draht des Buzzers am positiven Pol der Batterie an.

11

Verbinde die Haken-Büroklammer mit Klebeband mit dem elektrischen Draht unten am Spieß.

Du kannst auch ein Birnchen verwenden statt des Buzzers.

WAS IST PASSIERT?

Berührt die Schleife den Eisendraht, schließt sich der Kreislauf, der Strom kann durchfließen und den Buzzer auslösen. Noch schwerer wird es durch die zwei Magnete, die die Schleife anziehen.

VALERIA BARATTINI

Valeria erwarb den Master in Wirtschaft und Kunst- und Kulturmanagement an der Universität Ca' Foscari in Venedig sowie einen Master in Museumspädagogik an der Roma-Tre-Universität. Sie ist in der Bildungsarbeit und Kulturplanung tätig. Seit 2015 kooperiert sie mit Fosforo und organisiert Veranstaltungen im Bereich wissenschaftlichen Wissensvermittlung und der informellen Lehre.

MATTIA CRIVELLINI

Als Absolvent der Computerwissenschaften an der Universität Bologna hat Mattia an der Indiana University in den Vereinigten Staaten Kognitionswissenschaft studiert. Seit 2011 leitet er Fosforo, das Wissenschaftsfest von Senigallia. Er organisiert und plant mit dem Kulturverein NEXT Veranstaltungen, Konferenzen und Shows, die in Italien und im Ausland Wissenschaft kommunuzieren und verbreiten.

ALESSANDRO GNUCCI

Als Tutor und Wissenschaftskommunikator hat er über 15 Jahre Berufserfahrung. Er gründete 2011 Fosforo, das Wissenschaftsfest von Senigallia, und 2012 den Kulturverein NEXT. Er entwirft Formate, um Wissenschaft besser zu vermitteln, und organisiert gemeinsam mit seinen Kollegen vom Verein PSIQUADRO Shows.

FRANCESCA GORINI

Nach ihrem Master in industrieller Biotechnologie an der Universität von Urbino „Carlo Bo" und einem Praktikum im englischen Cambridge erlangte Francesca Gorini den Doktortitel in Molekularmedizin an der Vita-Salute-San-Raffaele-Universität in Mailand. Sie forschte in mehreren Labors und leitet klinische Krankenhausstudien. Sie hält Vorträge in Schulen und arbeitet bei der Verbreitung wissenschaftlichen Wissens eng mit Fosforo zusammen.

ROSSELLA TRIONFETTI

Nach ihrem Master in industrieller Biotechnologie an der Universität von Urbino „Carlo Bo" und einem Praktikum im englischen Cambridge erlangte Francesca Gorini den Doktortitel in Molekularmedizin an der Vita-Salute-San-Raffaele-Universität in Mailand. Sie forschte in mehreren Labors und leitet klinische Krankenhausstudien. Sie hält Vorträge in Schulen und arbeitet bei der Verbreitung wissenschaftlichen Wissens eng mit Fosforo zusammen.

impian

Impressum:

Genehmigte Lizenzausgabe für Impian GmbH, Hamburg 2021

White Star Kids® ist eine eingetragene Marke von White Star s.r.l.
© 2020 White Star s.r.l.
Piazzale Luigi Cadorna, 6
20123 Mailand, Italien
www.whitestar.it

Alle Rechte vorbehalten.

Umschlaggestaltung: Nele Schütz Design, München
unter Verwendung von Illustrationen von Rossella Trionfetti
Druck: Neografia, A.G.
Printed in Slovakia

ISBN 978-3-96269-117-2

www.impian.de

SCHWIERIGKEIT:

DRECKFAKTOR:

ZEIT: *20 Minuten*

MACHE ES MIT:

4 Ziehe die Enden gerade und schabe die Beschichtung oben mit einer Schere ab.

5 Bastle Stützen für die Spule, indem du die Büroklammern in eine P-Form biegst.

6 Nun steckst du die Stützen in das Styropor, eine links, eine rechts der Spule.

WAS IST PASSIERT?

Die Spule dreht sich, weil die Enden der Kupferdrähte teils isoliert sind und teils nicht. Es kommt also zu einem abwechselnden Stromfluss. Folglich wird ein getaktetes Magnetfeld erzeugt, das mit dem Magneten darunter interagiert.

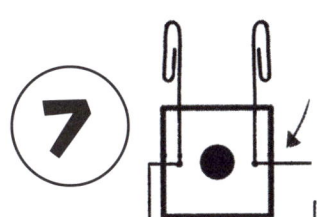

7 Befestige die beiden elektrischen Drähte unten an den Büroklammern.

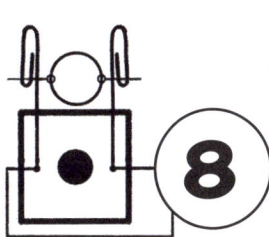

8 Lege die Enden der Spule in die Ringe der Stützen, damit sie sich frei drehen kann.

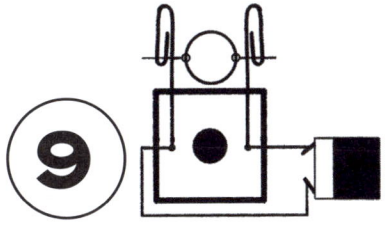

9 Befestige die freien Enden des elektrischen Drahts mit Klebeband an der Batterie, dann gib der Spule einen Schubs, damit sie sich dreht.

NICHT ANFASSEN!

Ziel dieses Experiments ist es, den Draht mit der Schlaufe nicht zu berühren, damit der Kreislauf nicht geschlossen wird.

UND SO GEHT ES

SCHWIERIGKEIT

DRECKFAKTOR:

ZEIT: *30 Minuten*

MACHE ES MIT:

DU BRAUCHST

- Karton
- Styropor
- Heißleim
- Klebeband und doppelseitiges Klebeband
- Knopfmagnet mit 6 mm Durchmesser und 3 mm Höhe
- 5 cm langer Stabmagnet
- elektrischer Draht
- Buzzer
- 4,5-Volt-Batterie
- Holzspieß
- Stift
- Plastikhülse eines Filzstifts
- Büroklammer, die in 2 cm langen Haken gebogen wurde

1 Schneide aus Karton und Styropor 2 20 x 40 cm große Rechtecke. Klebe sie mit dem doppelseitigen Band zusammen.

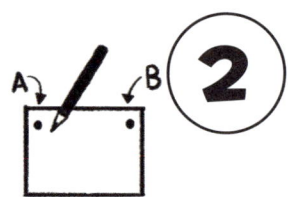

2 Zeichne zwei Kreise, Punkt A und B, auf den Karton.

3 Stecke den Draht in Punkt B, und zwar durch Karton und Styropor. Mit Leim befestigen.

4 Schließe den schwarzen Draht des Buzzers an den Eisendraht am Punkt B.

5 Biege den Eisendraht in ganz viele Kurven.

6 Gib das Ende des Eisendrahts in die Filzstifthülse. Dann steckst du die Hülse und den Draht in Punkt A. Du durchbohrst sowohl Karton wie Styropor. Dann festkleben.